AlgaR
EDITORIAL

1. NUEVO DIARIO DEL JOVEN MANIÁTICO. A. Macfarlane & A. McPherson
2. NUEVO DIARIO DE LA JOVEN MANIÁTICA. A. McPherson & A. Macfarlane
3. EL JUEGO DE PENSAR. Tobies Grimaltos
4. RUMBO A SINSENTIDO. Andrés Mínguez Gallego
5. DEVORARÉ BOLLYCAOS POR TI. Pasqual Alapont

TÍTULOS PUBLICADOS



1ª edición: *noviembre, 2000*
© *Andrés Mínguez Gallego, 2000*
© *Algar Editorial, S.L.*
*Apartado de correos, 225*
*46600 - ALZIRA*
Portada: *Alejandro Muñoz*
Diseño de la colección: *Enric Solbes*
Impresión: *Romanyà - Valls*
ISBN: *84-931382-2-3*
DL: *B-22131-2000*

PAPEL ECOLÓGICO
TCF LIBRE DE CLORO

# *Rumbo a Sinsentido*

Andrés Mínguez Gallego

AlgaR
EDITORIAL

## DOS AGRADECIMIENTOS
## Y UNA DEDICATORIA

*A mis padres, Antoñita y Carlos, compañeros de palabras.*

*A Xelo, compañera de imaginaciones.*

*Para Juan Carlos, por una nueva amistad.*

# I

Un silencio redondo envolvió la clase cuando el profesor Candel empezó a hablar de ese modo. Ni siquiera el habitual bisbiseo que se instala en todas las aulas sobrevivió a cambio tan extraordinario. Unos momentos antes, la mayoría de los alumnos había estado debatiéndose entre las explicaciones del profesor y sus propias ensoñaciones, entre el eco lejano y monótono de la pizarra y las miradas, gestos, risitas o mensajes aéreos de los pupitres. Pero una expectación hechizada se apoderó de todos cuando comprendieron que la diversión se había instalado en el lugar supuestamente menos divertido:

—*Además una oración simple podemos hablar una oración compuesta. La diferencia reside que hay dos verbos vez uno. Las proposiciones que forman la oración compuesta pueden estar unidas unos relacionantes...*

Al principio, sólo unos pocos detectaron algo raro en la forma de hablar de su profesor. Pero él mismo, con un tono de voz cada vez más estreñido y un color de cara rojo cereza, se encargó de llamar la atención hasta del más distraído:

—... como las preposiciones que estudiamos el otro día. *¿Os acordáis ellas?*

No quedaba rastro de la antigua fortaleza del señor Candel, siempre tan estricto con el correcto uso del léxico, siempre cobijado bajo el escudo de las palabras para ruborizar a uno al mínimo descuido. Si normalmente se desplazaba de parte a parte del entarimado con un porte gallardo y una pisada firme, ahora semejaba un chimpancé dentro de una jaula, inquieto, ridículo, estrechando círculos entre la pizarra y las miradas de sus pupilos. Prisionera de las manos, la tiza se quebraba en microscópicos copos de nieve, y ese bastoncito blanco parecía su único sostén, tal era la fuerza con la que lo estaba agarrando.

—¿Qué le pasa? —susurró alguien a algún oído.

—No sé. Se ha rayado.

—*Las oraciones compuestas pueden ser diferentes tipos. Primer lugar nos encontramos...* —hizo un esfuerzo inmenso por continuar la frase, los carrillos se le hincharon enrojecidos, más rojo todavía el cuello, surcado por venas a punto de estallar. Pero fue inútil. La siguiente palabra surgió sin su preposición correspondiente—. *...oraciones coordinadas... esto... perdonad, chicos; no sé qué me ocurre... me veo obligado suspender la clase. Haced el favor...*

De nuevo empezó a pelear consigo mismo por extraer la palabra adecuada y de nuevo tropezó contra el mismo muro. Para entonces, algunos de sus alumnos, los más aventajados en Lengua, habían comprendido que el profesor Candel no podía pronunciar preposición alguna. Por eso, intentaron chivarle la palabra correcta. Probó Héctor. Le quería lanzar ese *de* liberador pero los labios se le quedaron tercamente sellados. Probó casi al mismo tiempo Rebeca, la *empollona* de la clase, la que salvaba a más de uno en los exámenes, y también se encontró llamando con la lengua a las puertas de los labios. Le tocó el turno a Irene, no había manera. Probaron tres o cuatro más, y en lugar de la maldita preposición sólo brillaron unos ojos como platos, impotentes, interrogantes, sedientos de respuestas.

Esta vez no hubo risas. Algo anormal estaba sucediendo.

—... *salir* —dijo por fin el señor Candel. Sin embargo, el esfuerzo no sirvió para nada, porque en ese preciso instante la puerta se abrió estrepitosamente y una manada de voces irrumpió en un aula que hasta ese momento había mantenido la compostura. Entró el profesor de Física y Química con una expresión asustada de sí misma. Detrás de él aparecieron algunos alumnos de 3º de ESO.

—Candel, ¡nos está ocurriendo algo increíble! —La mirada del profesor de Lengua parecía un espejo.— *¿Ti te pasa lo mismo?*

—Lo mismo. *Y mis alumnos también.*

El alboroto que se estaba originando alcanzaba dimensiones inquietantes. Algunos alumnos, los más, habían optado por tomárselo a risa, y metían baza, comiéndose a la fuerza cada preposición que necesitaban las frases. Se mofaban de los disparates de sus compañeros, de sus propios errores, y llegaban incluso a pensar en grupos de palabras que requiriesen preposición para que el desaguisado fuera mayúsculo:

*—Voy casa la abuela mi mamá mis amigos y el perro Sebastián.*

*—Pues yo vengo la peluquería la esquina cortarme el pelo cero...*

Otros, trágicos, persistían en un intento desesperado por arrancarse de los labios alguna preposición. Ni siquiera una *a* cualquiera asomaba. Había, incluso, quien se había quedado mudo del todo, clavado en el suelo o en el pupitre, más alucinado que ante una película de ciencia ficción.

*—Podemos pensar ellas, no pronunciarlas* —dedujo el profesor Candel.

—Si no las podemos pronunciar, es como si no existieran —respondió el de Física y Química, asombrado de haber conseguido ordenar una oración sin necesidad de echar de menos preposición alguna.

—¡Eso no! Claro que existen... *¿Cómo otro modo pensaríamos cualquier frase?*

No había tiempo para discusiones académicas. Por los pasillos navegaban ya carteras de todos los cursos, circulando a trompicones, huyendo por fin del recinto escolar o colándose en la clase de alguna conocida para contrastar la gran novedad. Entre la multitud, Irene pudo localizar a María, pero no la alcanzó hasta las escaleras de la entrada.

—¡Qué fuerte!, ¿verdad?

*—Mí me hace mucha gracia. Parecemos todos extranjeros nuestro propio país.* —María demostraba estar realmente encantada con la nueva situación.— *¿Has visto la cara el Candel? Nunca mi vida me había reído tanto.*

—No seas bruta, María. Esto que nos está pasando es muy grave.

—¡Anda ya! —le espetó María—. *Tú siempre tus discursos.* No seas aguafiestas.

Irene y María sólo estaban juntas durante el trayecto en el tren de cercanías que las separaba de su casa al colegio y del colegio a su casa. En el patio, cada una tenía su grupo de amigos. O sería más correcto decir que María tenía su grupo de amigos e Irene vagaba desabrigada en busca de alguien que quisiera entenderla. Uno no sabría acertar si la excluían de los grupos o si se borraba ella sola. A punto de cumplir catorce años, disfrutaba más con una conversación sobre cualquier tema de actualidad que con los coqueteos emergentes con los chicos de 3º. Y cuando el diálogo derivaba hacia la discusión y el debate, entonces Irene subía al séptimo cielo. Le gustaba hablar, le gustaba escuchar, pero, sobre todas las cosas, adoraba paladear la fuerza de las palabras, las acariciaba con ternura y afán, en ellas sentía muchas veces el significado oculto de la vida. Aunque le encantara leer, nada igualaba el gozo de una conversación, los saltos de las palabras de boca en boca, el zumbido de una *z* alrededor del oído, su baile rítmico y cadencioso. Por eso, a falta de un compañero con quien desenmarañar las grandes cuestiones de la existencia, no le quedaba muchas veces más remedio que ampararse en la lectura en voz alta.

Cuando María la veía en el patio, hablándose a sí misma, con un libro entre las manos, sentía vergüenza por lo que pensara su pandilla. Al fin y al cabo, ella compartía una hora de su día con Irene y los demás podrían creer que eran amigas. Por ello, se desmarcaba rápidamente, soltando frases del tipo: «Mirad a esa, le falta un tornillo», o «esa tipa es más rara que una lechuga azul. Os lo digo yo, que me toca ir siempre con ella en el tren». A María ni le gustaba leer, ni sentía respeto alguno por las palabras. La asignatura que más rabia le daba era precisamente Lengua y Literatura. Y odiaba con toda su alma al profesor Candel, sobre todo cuando desenvainaba el diccionario y lo alzaba amenazador por encima de su cabeza. «¡No te has estudiado el significado de FURIBUNDO! ¡Búscalo y cópialo cincuenta veces!» En momentos como aquellos, sentía un asco dentro que la paralizaba y que no le permitía ni juntar dos palabras con sentido. «Escuchad todos la ingeniosa frase de vuestra compañera María: "Los furibundos se refugian del frío bajo el puente". ¿Qué se puede esperar de alguien tan poco trabajador?»

En semejantes días de humillación y bronca, Irene intentaba consolarla a la salida del colegio. A pesar de lo mucho que admiraba al señor Candel, fingía enfado por ese supuesto maltrato. María se dejaba consolar y en el fondo estimaba el apoyo de su acompañante, que no amiga, ¡de eso nada! ¿Qué opinarían los demás?

—*María, ¿crees que fuera el colegio todo el mundo hablará como nosotras?* —Irene seguía preocupada, más todavía a medida que pasaba el tiempo.

—¡Yo qué sé! *Lo mejor es que vayamos comprobarlo. La estación hay muchas personas.* Algo averiguaremos.

—¿Qué habrá sucedido? ¿No te intriga?

—Si quieres que te diga la verdad, no. *¡Ojalá nos quedáramos palabras!* Ya no tendríamos que estudiar tantos significados, ni tanta gramática inútil...

—¿Y por qué, precisamente, las preposiciones? —Irene ya no escuchaba a María. Se acababa de enfrascar en uno de sus pensamientos. Sin las preposiciones los seres humanos todavía se podían comunicar perfectamente. Es verdad que muchas frases carecían de sentido, pero ella entendía a su compañera sin mayor esfuerzo. ¿Qué hubiera ocurrido si les hubieran faltado los verbos? ¿Cómo se comunicarían entonces María y ella? A lo mejor, estaba viviendo un sueño y dentro de poco despertaría en su cama, arropada por un tazón calentito de chocolate con leche. O a lo mejor...

—¡Irene! —María le tiraba de la camisa.

—¿Qué?

—*¿Tú has visto cómo está la entrada la estación?*

Una multitud se agolpaba entre empujones y codazos frente a la oficina de información. Desde donde estaban, las dos jóvenes conseguían oír la estela de unos gritos enfurecidos. A medida que se acercaban, el griterío resultaba insoportable, ni Atila con sus caballos hubiera podido igualarlo.

—¿Qué ocurre? —gritaba una señora desgreñada y empapada en sudor—. *Mi marido y yo llevamos más una hora esperando el tren y los paneles no aparece ninguna señal!*

—*¿Dónde pasa el tren las 13.30? ¡Hay dos o tres los raíles y no veo personal que me lo indique!* —refunfuñaba un viejecito agarrado a sus gafas.

—Calma, señores, calma —el funcionario apenas conseguía controlar a una masa que se poblaba cada vez más—. *Hemos pedido refuerzos que nos ayuden indicarles sus trenes respectivos.*

—¡El mío ya se habrá marchado! *Y vete saber cuándo pasará otro...*

—*Pues yo me he vuelto loca preguntando los pasajeros los trenes que llegaban y nadie me hace caso. Están todos más preocupados las palabras que otra cosa. ¡Y yo necesito volver casa!*

—*Señora, deje golpearme el bolso cada vez que habla* —dijo un hombre con aspecto de pocos amigos.

—¿Qué bolso? Yo no veo que usted tenga ningún bolso.

—¡El suyo, burra enlatada! *¡Su bolso se me clava las costillas cuando mueve esas manotas!*

—¡Será desgraciado! —La mujer se colocó como pudo enfrente del malhumorado agredido.— *Mire usted, si está histérico, se lo disculpo porque no es menos. Pero aquí, todo el mundo va el mismo barco y si pagamos nuestra ira el vecino, nos vamos todos al cuerno...*

—Nos ha salido filósofa y todo...

Irene y María escucharon divertidas estas y otras discusiones entre los cada vez más impacientes futuros pasajeros. Ellas mismas empezaron a temer por su tren y preguntaron a un chico que aparentaba su misma edad el verdadero motivo del revuelo. El joven las miró con fastidio:

—Pues está más claro que el agua. *Cuando nos hemos quedao esas palabras cortas que usábamos, no sé cómo se llaman, muchos aquí han salío disparaos busca qué sé yo.* —Hablaba a la velocidad del rayo, y, sin las preposiciones correspondientes, las dos amigas tenían que hacer un gran esfuerzo por seguir su explicación.— *La mayoría el personal la estación ha ahuecao también el ala, y los pocos que se han quedao no encienden los paneles porque no se atreven escribir ellos* —rió con ganas—. *¡Ya ves, lo poco que hay que escribir los paneles! Tanto ruido nada.* El tipo éste, pobrecillo, no sabe ya qué decir. *Se lo van comer vivito como no solucionen el problema.*

—Ya, ¿y tú por qué estás tan tranquilo? —preguntó María, como quien no quiere la cosa.

—*Porque no voy coger el tren.*

—¡Ah!

—*La estación autobuses pasa tres cuartos lo mismo.*

—*¿También has estado la estación autobuses?* —Irene lo observó con recelo.

—Sí, curro aquí y allá, donde se amontonan las personas. Es más fácil cazar algún bolsillo forrao. *Estaba punto saltar la el bolso cuando me habéis importunao.* Y ahora, ¡viento fresco!

Mejor sería hacerle caso, no fueran a torcérsele las intenciones y cebarse con ellas dos. Aunque, bien pensado, ¿qué podía sacar más que unos billetes de tren y el papel de plata arrugado del bocadillo?

—Vamos, Irene, busquemos nuestro tren. *Si no me equivoco, tendría que llegar dentro tres minutos.*

Tres minutos pueden pasar deprisa, muy deprisa, si uno va con retraso y siente que puede perder el tren, o muy despacio si, por el contrario, ha llegado con tiempo suficiente como para acomodarse una, dos y hasta tres veces en el asiento, antes de clavar el rostro frente a la pantalla de los paisajes. Pero en este caso, los minutos no podían pasar ni deprisa ni despacio para las dos jóvenes, porque ni llegaban con retraso, ni se habían acomodado en tren alguno. Unas cuantas máquinas se encontraban detenidas en las vías, pero no mostraban el letrero del destino. Y en el horizonte no se oteaba ni siquiera el humo anunciador.

—Me parece que nuestro tren no ha llegado todavía —dedujo Irene después de echar una escrupulosa ojeada a su alrededor—, *ninguno los que hay aquí parecen cercanías.*

—*Tienes razón, son largo recorrido... Si esos malditos paneles nos informaran algo* —afirmó María alzando sin esperanza la vista hacia los luminosos mortecinos.

Fue entonces cuando vio encenderse el panel más cercano, y lo que leyó la dejó petrificada.

—Ire... Irene. —Irene la miró y vio cómo su amiga señalaba con un ligero temblor hacia lo alto. Y en lo alto unas letras brillantes se hincaron en sus ojos como espinas afiladas:

**¡Irene, toma el tren que viene!**

Nada pudieron decir, ni siquiera mirarse. En menos que canta un gallo se había personado delante de ellas un tren de grandes dimensiones pero ligero como una pluma. Que no se trataba de una locomotora, como las que habían visto hasta entonces, era indudable. Sólo poseía dos vagones de tamaño desigual. El trasero, que estaba detenido a la altura de las jóvenes, parecía no acabar nunca. El delantero, en cambio, debía de albergar al menos dos pisos, porque se estiraba hacia arriba como si fuera una casa andante. Lejos de soportar en sus lomos esos tonos oscuros, monótonos, a juego con las vías de carbón y ceniza, los colores vivos de los vagones alegraban la vista. Aun así, ninguna ventana escondía a nadie visible, y sus matices opacos propiciaban un aspecto misterioso al tren.

Una puerta se abrió de golpe, a unos metros de las muchachas. Irene esperó a que las otras se abrieran a su vez, para ver el aspecto de algún viajero que pudiera apearse. Pero sus esperanzas se vieron truncadas cuando comprobó que ninguna puerta se movía, que se había instalado en el andén un silencio inaudito y que ni un alma ni media se acercaba hasta allí dispuesta a emprender su viaje.

—*No irás subir ahí, ¿verdad?* —María había retrocedido unos pasos. Medio cuerpo suyo estaba apuntando hacia la retaguardia.

—¿Por qué no?

—¿Estás loca? ¡Quién sabe dónde puede llevarte este tren!

Irene seguía clavada delante de la máquina, incapaz de dar un paso hacia adelante, pero segura de no quererlo dar hacia atrás.

Guiada por una intuición, volvió a mirar el letrero luminoso. Efectivamente, las letras eran ahora otras, y también le gritaban a ella:

**¡Irene, date prisa, el tiempo no se detiene!**

—María, ¡sube conmigo! —La voz de Irene vibraba decidida, la de su compañera todo lo contrario.

—*Es que... no, ¡qué va! Esto es locos...*

—*Quienquiera que sea, sabe mi nombre y se dirige mí.* Tenemos que averiguar lo que sucede.

No podían eternizarse en discusiones porque el tren se había puesto en movimiento. Sus ruedas avanzaron lentamente e Irene comprendió que se trataba de una seria advertencia. Por nada del mundo quería renunciar a un misterio que la coronaba al menos una vez en su vida como protagonista. Por eso, sin pensarlo dos veces, asió a María fuertemente del brazo, y se abalanzó hacia el tren.

—¡Suéltame, yo no quiero meterme ahí dentro!

—*No te voy soltar.* Tienes que ayudarme... ¡cuidado, María!

Desde arriba del tren, Irene, agachada, seguía sujetando el brazo de su amiga, y tanto lo oprimía que medio la arrastró por el andén igual que a una escoba desobediente. Como, a unos pasos de allí, un poste se iba a interponer en su camino, María no tuvo más remedio que hacer un último esfuerzo y subir junto a Irene.

Sólo entonces, la locomotora rugió desesperada y partió a la velocidad del viento.

## II

—No te voy a perdonar esto que has hecho. Un poco más y me mato.

—María... ¡has utilizado una preposición! A ver... *a, ante, bajo, con...* yo también puedo pronunciarlas de nuevo, ¡qué alegría!

—No tan rápido, jovencita. —Frente a ellas apareció un interventor, uniformado de la cabeza a los pies. Su estatura y gesto altivo le recordaron a María al profesor Candel y sintió que un escalofrío atravesaba todo su cuerpo.

—¿Cuál es el problema? —inquirió Irene.

—Permíteme, antes de contestar a tu pregunta, que me presente. Me llamo Rogelio Regladoiro, pero aquí todos me llaman Regla de Oro. Soy el encargado de controlar a todos los pasajeros de este tren que, como comprobaréis en su momento, son siempre los mismos y nunca iguales. Me paseo por los diferentes compartimentos e intento que impere el orden. Con vuestra llegada, he alterado sensiblemente mi programa diario. Ahora mismo debería estar en el segundo vagón, pero resulta prioritario atenderte, digo, atenderos, con la mayor atención. Siento mucho haber cometido el lapsus anterior, pero a decir verdad sólo te esperábamos a ti, Irene.

—¿Y eso por qué? ¿Tiene algo que ver con los cambios que hemos experimentado en el habla? ¿Sabe usted por qué podemos pronunciar otra vez las preposiciones?

—Respira, mujer. Una pregunta detrás de la otra. Empezaremos por la última: efectivamente, éste es el único lugar en el que podemos verbalizar las preposiciones porque estamos en el tren de la Oración.

Las inquietudes que habían asaltado a María un momento antes se vieron corroboradas por semejante confidencia. Sin embargo, todavía le cupo la esperanza de que se tratara de algo completamente ajeno al Candel y su Lengua. Y aunque estaba claro que nadie le había dado vela en ese entierro, se atrevió a preguntar:

—¿Qué tipo de oración? ¿La de los curas, tal vez?

Regla de Oro la miró de reojo:

—No precisamente. Estás en el tren de la Oración gramatical. En sus vagones, en sus muchos compartimentos, se encuentran las clases de palabras que viajan sin cesar para que en vuestro mundo podáis comunicaros sin dificultades.

—No entiendo nada. —María dejó caer su cartera y, resoplando, se sentó sobre ella.— ¿Qué tendrá que ver un tren con que nos entendamos hablando los humanos?

—Muy sencillo —respondió el interventor—, nosotros seguimos desde tiempos inmemoriales un mismo recorrido sin alterarlo apenas y mantenemos unas reglas difíciles de quebrar. Desde luego, no somos el único tren; algunos otros cumplen funciones más o menos parecidas a las nuestras. Pero lo importante es que gracias al cumplimiento de esas reglas y a la presencia permanente de los pasajeros, vosotros podéis expresaros como lo hacéis.

—¿Y ese recorrido del que habla incluye la estación en la que hemos subido? —preguntó Irene.

Regla de Oro agachó la cabeza apesadumbrado:

—No, desde luego. Nos hemos desviado de nuestra ruta habitual, que se encuentra a siglos de distancia. Decidimos venir en tu búsqueda, Irene. Algo terrible ha sucedido que pone en peligro la comunicación verbal.

—¡Las preposiciones!

—Secuestradas. Han sido secuestradas, pobrecillas. Eran la animación de los vagones. Tan pequeñitas y simpáticas. Siempre risueñas, con sus pompones...

—¿Pompones?

—Sí, cada mañana nos despertaban con una canción distinta, y en fila, saltaban y manejaban los pompones de colores para endulzarnos el día. Son nuestras animadoras. CONTRA me había dicho, unas horas antes de desaparecer con las demás, que estaban preparando la coreografía del gran partido que cada año disputan los verbos. Ilusa... no sabía que el destino se había propuesto ponerle la zancadilla. —Regla de Oro no consiguió reprimir las lágrimas. María rebuscó en su cartera, pero sólo encontró un pañuelo usado y pegajoso. No, decididamente no era una buena idea ofrecérselo.— Ahora no os será difícil comprender por qué no hay humano que pueda utilizar preposición alguna.

—Porque no están en su lugar habitual... —intervino Irene, pensativa.

—En sus muchos lugares, sí. Sinsentido sabía de sobra el daño que iba a provocar con su secuestro.

—¿Sinsentido? —se interesó María.

—Poco os puedo decir sobre él. Vive en unas tierras ocultas, más allá de nuestros propios dominios. A nosotros nos es imposible acceder a ellas sin dañar seriamente la integridad de la comunicación humana. Por eso, hasta ahora, ninguna palabra ha osado curiosear por allí. ¿Comprendes, Irene, por qué hemos ido a buscarte?

—Supongo que porque soy humana y puedo irrumpir en esos dominios...

—Exactamente.

—... Pero también lo es María, por ejemplo. ¿Por qué precisamente yo?

El interventor reflexionó antes de contestar:

—Sinsentido es muy inteligente y malvado. Pondrá muchos obstáculos a quien pretenda liberar a las preposiciones. Nadie que no ame y comprenda las palabras podría hacerle frente. ¡Quién sabe qué jugarretas se sacaría de la manga!

—¿Está usted seguro de que ha sido él?

—Completamente. Al principio, pensamos en Silencio, su primo hermano y maestro, cuyo condado debe encontrarse más allá del de Sinsentido, ni siquiera estamos seguros de ello. Cuando examinamos detenidamente el vagón donde descansaban las preposiciones, nos dimos cuenta enseguida de nuestro error: uno de los esbirros de Sinsentido había dejado su tarjeta de visita impresa en un asiento.

—¿Y qué tarjeta era esa, si puede saberse? —María utilizaba un tono áspero. Se sentía despreciada y, aunque le importaban tres rábanos pelados las palabras, una también tiene su corazoncito, ¡qué caray!

Regla de Oro seguía sin mirarla de frente y, cada vez que intervenía ella, la expresión del rostro se le agriaba. Aun así, sus modales exquisitos no le hubieran permitido jamás hacerle un feo:

—Manchas de tinta.

—¿Manchas de tinta?

—No cabe ninguna duda de que por ahí había pasado Tachón, y apostaría a que con él estaba Errata, son inseparables.

María se levantó de golpe, recogió su cartera y sin ni siquiera mirar a Irene, afirmó:

—Yo me bajo. No tengo nada que ver con estas chorradas. Además, ya debería estar en casa desde hace tiempo.

—El tiempo aquí no cuenta, muchacha. Y lo que pretendes es altamente imposible. —Por una vez la miró directamente a los ojos, de forma tan dura que la otra no resistió semejante embestida.— Mira por la ventana.

María descorrió la cortina de fino acero que vestía el cristal y se quedó embobada. Tanto ella como Irene parecían dos salmones impresionados, de tan abiertas que estaban sus bocas, tan redondos sus ojos. El paisaje que se maquillaba en el exterior les resultaba completamente desconocido: un azul inmenso cubría la superficie y no era mar. Marrones castaño vestían el cielo y no eran montañas. Algunas manchas verdes se superponían al marrón y no eran prados.

—¡No hay dimensiones!

—No, Irene, no las hay. Estamos muy lejos de vuestra casa. Tu amiga tendría que empezar a quitarse esas ideas rebeldes de la cabeza si no lo quiere pasar mal...

—Oiga, «su amiga» está aquí delante y es de mala educación hablar de alguien presente como si no estuviera.

—Está bien, tengamos la fiesta en paz —terció Irene—. ¿Queda lejos Sinsentido?

Con semejante pregunta intentaba que María se calmara, pero la respuesta de Regla de Oro no hizo sino intranquilizarla todavía más:

—Mucho. Muchísimo. A decir verdad, acabamos de empezar el viaje.

—Pero, este trasto es muy rápido, ¿no? —preguntó convencida María. Porque los colores sólo habían tenido tiempo de guiñarle un ojo al pasar por delante del cristal.

—Ahora vamos a un ritmo importante, pero no siempre será así. Además, ya no se trata sólo de imprimir mayor o menor velocidad, sino de la distancia que nos separa de Sinsentido. Como os digo, se encuentra más allá de lo inimaginable. —El interventor consultó su reloj y empezó a alejarse.— Me veo obligado a ausentarme. Entrad en este compartimento y acomodaos. Seguro que os reciben cordialmente.

Desapareció antes de que ninguna de las dos intentara preguntar algo más.

Estaban en el primer vagón y, aunque un silencio indeciso moraba por ese lugar de paso, no oían ningún sonido procedente del interior de los compartimentos.

—Vamos allá —decidió Irene.

Se disponía a abrir la puerta cuando ésta se entornó de golpe y una voz melodiosa brotó de los altavoces: *Bienvenidos al vagón Sintagma Nominal Sujeto. Se encuentran ustedes en el compartimento central. Les recordamos que no está permitido fumar. Hagan el favor de apagar sus cigarrillos. Gracias.*

A María se le torció la boca:

—¿Vagón Sintagma Nominal Sujeto?

A Irene, en cambio, los ojos se le iluminaron. Antes que cualquier otra cosa, le cautivó la organización del espacio. No se trataba, desde luego, de un tren convencional. En vez de asientos en fila mirando de frente hacia adelante a uno y otro lado del vagón, había dos largas banquetas apoyadas contra las paredes. Algunos metros presentan una estructura similar, pero en este caso sobraba espacio por todos lados. «¿Irían de pie en viajes tan largos?», pensó Irene.

—No tenemos muchas ocasiones de sentarnos —dijo de golpe un ser sin rostro, blanco como el marfil.

—¿Cómo has adivinado lo que estaba pensando? —preguntó Irene, desconcertada.

—Yo sé lo que se esconde en todas las mentes. Me muevo como pez en el agua entre los conceptos, hija, porque los represento a todos. Ahora mismo, tu amiga no tiene ni idea de quién pueda ser yo, ¿no es cierto? No, no hace falta que me contestes, ya lo sé. Tú, en cambio, estás intentando reconocerme y, desde luego, tu cabecita no lo está haciendo nada mal.

Efectivamente, desde que esa masa blanca, de formas indefinidas, había comenzado a hablar, Irene había ido atando algunos cabos: si se hallaban en el tren de la Oración y en el vagón Sintagma Nominal Sujeto, no cabía duda de que el compartimento central debía albergar al sustantivo. Y entre los sustantivos, ¿quién representaba a los conceptos? ¡Claro, ya lo tenía! Sólo podía ser un nombre abstracto. Iba a decirlo cuando de nuevo se adelantó el otro:

—Sí, soy Abstracto, jovencita.

—¿Cómo? —María no salía de su asombro. Así como Irene se había fijado, nada más entrar, en la disposición espacial del tren, ella no había quitado la vista de sus estrambóticos pasajeros. En el fondo quedaba oculto uno de ellos por una cortina que proyectaba su sombra, gigantesca, descomunal. A los lados, cuatro formas diferentes, entre las que se encontraba ese Abstracto, jugaban frente a un tablero a colocar fichas sobre unas casillas cuadradas.

—Estábamos jugando a las letras cruzadas. Ya veo que no conocéis de qué va el juego. Bueno, no importa, os lo contaré en otra ocasión. Prefiero contestar a tu pregunta, María. Para explicarte quién soy y lo entiendas, es imprescindible que te presente a mi familia. Ven, acércate, no muerden, aunque te resulten tan extraños.

María dio unos pasos en dirección a ellos. También Irene se había acercado con vivo interés.

—¡Somos la familia Común! —exclamaron los tres.

—No chilléis tanto, que no están sordas. ¡Estos concretos!... —Se llevó un dedo a la frente indicando a las dos jóvenes que estaban sonados.— María, en este compartimento no hay nadie más importante que nosotros, los sustantivos. ¿Me comprenderás mejor si te hablo de nombres?

—Sí, pero, ¿en qué consiste la diferencia?

—No existe. Es cuestión de gustos. Nosotros preferimos que nos llamen sustantivos, ¿cómo decirte?, tiene más *caché,* suena serio, interesante. Nombre es más vulgar, todo el mundo lo dice... pero, como estamos entre amigos, llamadnos como queráis.

—Ahora comprendo por qué el Candel habla siempre de sustantivo y nosotros de nombre...

—¿Por qué? —preguntó Irene, en guardia cada vez que María nombraba a su profesor predilecto.

—Porque le encanta hacerse el interesante, pavonearse delante de todos —y se puso a imitar con malicia los andares exagerados del pavo real.

—En fin, como iba diciendo, aquí todos somos sustantivos, pero no todos pertenecemos a la misma familia. Aquél —señaló hacia el fondo, donde las sombras de la cortina permanecían al acecho— no es un nombre común, como nosotros, sino un nombre propio. Se llama Sustancio Pidedieta.

—¿Y cómo os llamáis vosotros, si puede saberse?

—Justamente, nosotros no tenemos nombre ni apellidos como aquel de allá... eso es lo que nos diferencia de él. Sólo se designa a sí mismo y a nadie más. De ahí que se pase todo el día tras esas cortinas, como si se fuera a contagiar de algo malo. Es un egocéntrico. Habla sólo y exclusivamente de sí mismo, por eso es tan grande: se alimenta de sus propias vanidades. ¡Ojalá reviente algún día!

—No digas eso. Si no existiera, María y yo no tendríamos nombre, no nos distinguiríamos de los demás.

—¡Bravo, jovencita! La suya ha sido una intervención acertadísima. Pero, ¿podrían hablar más bajo? Intento conciliar el sueño y su plática me desvela. —Entre las cortinas, Sustancio asomó una larga sombrilla a la que se aferraba orgulloso.

María no pudo contenerse y exclamó:

—¡Qué sombrilla más cursi! Resulta ridícula aquí dentro —estaba claro que no le había caído especialmente bien—. ¿Para qué la lleva?

—Es su emblema distintivo: la mayúscula. Sin ella se comportaría como cualquiera de nosotros...

—¡Preséntanos ya de una vez, Abstracto! —gruñó un rostro que mareaba a la vista. De sus mejillas surgían cuatro manos enormes con las que todo lo tocaba: suelo, paredes, asientos...

Tan grandes como sus manos, las orejas se movían al mínimo rumor, igual que las de un perro esperando ansioso oír las palabras mágicas del dueño, *¿nos vamos?, ¿cómo está mi chiquitín?, ¡a comer!*, y otras por el estilo. La boca, un auténtico buzón de correos, toda labios, toda lengua, toda paladar. De la nariz hubieran podido colgarse Irene y María, y aun así hubiera sobrado espacio. Claro que ningún otro miembro igualaba en tamaño y presencia a los ojos. Los bebés recién nacidos, que deslumbran a los papás encandilados con dos redondeles ávidos e inocentes, hubieran tenido que rendir pleitesía a los dos zafiros que rodeaban enterito su cuerpo-cabeza andarín. De modo que nada se le escapaba, ni por delante, ni por detrás.

—Este es mi hermano Concreto, chicas. Como podréis comprobar, no se me parece en nada. Somos opuestos. A él le gusta todo lo terreno y a mí me complacen más otros terrenos, los de la mente y lo espiritual. Si vemos una película, no, no te sorprendas, Irene, aquí también llega Hollywood, él sólo se fija en los colores, presta atención a los sonidos y se lamenta constantemente de no poder oler ni tocar a los protagonistas, a unos más que a otros, desde luego. No le preguntes después sobre el significado profundo del argumento, ni sobre los temas de la película, te contestará con un silencio impropio en nosotros.

—¿Y qué si a mí no me gustan los tostones que te tragas tú, como los de ese director de cine, esmirriado y más feo que un pepino, que se reúne con dos o tres amigos y no paran de hablar, hablar y hablar de sus problemas hasta que se termina la película? A mí me encantan el *glamour*, los desfiles, los programas culinarios...

Así como Sustancio Pidedieta la había desagradado, María encontró simpático a Concreto. Tal vez porque a ella tampoco le gustaba ese tipo de películas, es más, le aburrían soberanamente:

—¿Y a qué te dedicas?

—¡Ay, hija! Aparte de vigilar a estas dos criaturas —y señaló a dos pequeños monstruos que jugaban a ocultarse debajo de los bancos—, represento todo aquello que se puede captar por los sentidos. Entre mi hermano y yo designamos a un gran número de sustantivos. Pero si con él palabras como *pensamiento, juventud, fealdad* o *amor* cobran vida, porque sólo se pueden representar en la mente de uno, yo me voy a lo práctico: una mesa, ¿la puedo ver? Entonces es de mi terreno; ¿puedo oler una flor? Lo mismo. ¿Y un helado, lo puedo saborear? Pues también.

—¿Y la música, te pertenece a ti o a Concreto? —Irene se alegró de poder resolver una duda que se había planteado en clase pero que nunca había osado formular al profesor Candel.

María se precipitó a responder:

—Está clarísimo, Irene. La música se oye, luego sólo puede ser de Concreto.

—Ojalá fuera como lo pintas, preciosa. —«Qué calificativo tan bien escogido partiendo de un ser así de monstruoso», pensó María, pero acto seguido se tapó la boca con las dos manos ante la mirada censora de Abstracto. No se acordaba de que éste sabía descifrar los pensamientos ajenos.— A veces resulta imposible trazar la división exacta entre los sustantivos concretos y los abstractos. La música se oye, efectivamente, pero es también un concepto que aplicamos para designar una sucesión de sonidos que llegan hasta nuestros oídos. ¿Oímos la música o los sonidos?

—¿A que no sabéis qué ocurre cuando alguna palabra de ese tipo nace en nuestra lengua? —intervino Abstracto—. Concreto y yo salimos catapultados uno contra otro y nos damos el mayor topetazo jamás visto.

—Si tuvierais tantos miembros como yo, no os pasaría eso, tío. Podríais amortiguar el golpe. —Cinco o seis brazos asomaron por debajo del banco.

—¡Qué engreído! —soltó una voz que todavía era remisa a abandonar su escondrijo. Cuando se decidió, María e Irene pensaron al unísono que tenían delante una fregona coronada por una hermosa cabellera rizada. De nuevo, Abstracto leyó sus ideas:

—No es una fregona, se trata de mi sobrina Individual, y este otro rufianillo es Colectivo. Con ellos dos la familia está al completo. Quién sabe si en el futuro se ampliará...

Colectivo multiplicaba o dividía sus miembros a placer. A veces, el tronco daba espacio a dos o tres cuellos alargados con otras tantas cabezas; en otras ocasiones, semejaba un ciempiés, porque se dejaba crecer multitud de piernas largas y cortas. Desde luego, era clavadito a Concreto en lo monstruoso.

—Tú tienes tantos miembros porque albergas muchos seres en uno solo, ¿verdad? —preguntó Irene.

—Bueno, si quieres llamarlo de esa manera... Yo prefiero verme como la eterna frustración de mi hermana. Ella desearía poder acoger varias unidades en un único tronco, pero tiene que conformarse con ser una y solamente una. ¿No es así, abejita mía?

—¡Déjame en paz!

—¿Sabéis lo que es un enjambre? —continuó Colectivo. Y como las otras dos negaron con la cabeza, prosiguió—. Un montón de abejas reunidas. O sea, un nombre en singular que se refiere a una gran cantidad de insectos, en este caso. *Gente* o *ejército* son otros sustantivos que pertenecen a mis dominios. Mi hermanita sólo puede quedarse con *persona* o *soldado* —a escondidas le pegó un coscorrón en la melena con una de sus tantas manos. Individual se fue a una esquina del compartimento haciendo pucheros.

Como a Irene le sacara de quicio la prepotencia de ese ser multiforme, salió en defensa de la pequeña:

—¿Tú conoces aquello de *Lo bueno, si breve, dos veces bueno*?

—¿Qué quieres decir? —Colectivo parecía desarmado.

—Si tanto sabes y todo lo puedes, no deberías encontrar dificultad alguna en un refrán tan común. —Irene observó complacida cómo Individual le agradecía su intervención desde la lejanía.

—Yo no he dicho que todo lo sepa y todo lo pueda.

—Pero nos lo has dado a entender. La próxima vez, sería mejor que pensaras un poco más en las cosas antes de hablar y, sobre todo, que te burlaras menos de tu hermana. Alguna vez podrías necesitar su apoyo y no se requieren tropecientos brazos y piernas para prestarlo. Con un solo corazón dispuesto es suficiente.

Cuando Irene se disponía a llamar a Individual para que hiciera las paces con su hermano, María le tiró otra vez de la manga:

—¿Qué... qué está ha... haciendo? —señalaba con insistencia hacia la esquina donde Individual había estado lloriqueando. La que se había mostrado antes como un corderito indefenso crecía ahora sin parar, tanto hacia arriba como hacia los lados. Esa especie de palo fino estaba convirtiéndose en un tronco grande y robusto. Pero lo que más maravillaba a las jóvenes no era la elasticidad de Individual, pura plastilina, sino el que su parte superior hubiera desaparecido del todo (incluida la cabellera) para recibir una punta afilada. De fregona, parecía haberse transformado en una gruesa pluma.

—Tu *abejita* es ahora un *abejón* y te va a picar, hermano estúpido —afirmó orgullosa.

—Ten cuidado con lo que haces, pequeña, ¿acaso no recuerdas que siempre sales perdiendo? —En un abrir y cerrar de ojos Colectivo abandonó a su vez sus múltiples cabezas y en su lugar colocó una lluvia de bayonetas.— Ya ves, de *ejército* me he convertido en *ejercitazo*. ¿Quién iba a picar a quién?

—Espera y verás... —La pluma había dado paso a la punta de un iceberg.— Ya no soy ni *abejita* ni *abejón*, sino *abejarrón*, y te advierto que el pinchazo te dolerá.

Incluso Colectivo retrocedió ante la amenaza del arma. ¿Quería guerra? La tendría entonces. Intentó encontrar otro sustituto para sus múltiples cabezas y no lo vio fácil. «A ver —pensaba— con *regimiento, regimientón*, no, imposible; *enjambrazo* de *enjambre*, tampoco. ¿Y con *humanidad? Humanidazo*, ¡qué horror!»

—Ríndete, sobrino —medió Abstracto, que había seguido con vivo interés el combate verbal entre los hermanos—. Eso que estás pensando es prácticamente imposible. ¿Sabes por qué?

Ni siquiera Irene conocía la respuesta. Había comprendido que Individual acababa de retar a Colectivo utilizando sufijos aumentativos para hacerse fuerte y temible. El profesor Candel les había insistido muchas veces en que los sustantivos eran palabras compuestas por un lexema y uno o varios morfemas. El primero representaba el tronco, la base común, el sentido, mientras que los segundos servían, como en este caso, para modificar ese tronco común. Estaba claro que el lexema de Individual era su forma alargada, sin cabellera ni nada. Todo aquello que se colocara al final de su cuerpo no era otra cosa que morfemas. Y como morfemas hay de varios tipos, ella había echado mano de los aumentativos, más intimidatorios que los sufijos diminutivos y mucho más que los prefijos. Pero, ¿por qué a Colectivo le suponía un gran esfuerzo colocar sobre su cuerpo-lexema sufijos aumentativos? Intrigada, atendió la explicación de Abstracto.

—Por si todavía no lo sabes, Colectivito mío, llevas permanentemente incorporados a tu cuerpo sufijos que te permiten representar una gran cantidad de seres, personas, cosas, etc. Es muchas veces imposible añadir otro sufijo a una palabra que ya lo lleva. Intentabas sacarle jugo a *humanidad*. Junto al cuerpo-lexema *human-*, que sirve de base a muchas otras palabras como *humano, humanismo, inhumano* o *humanizar*, ¿no ves que ya hay un sufijo *-idad* que aumenta el significado de ese lexema? Tienes brazos, piernas y cabezas de sobra, no seas aprovechón y pretendas aumentar todavía más tu tamaño o fuerza.

María no salía de su asombro. Acababa de entender algo que durante todo el curso se le había atragantado sin solución a la vista. Por primera vez se atrevió a formular una pregunta referida a algún asunto de Lengua:

—¿Verdad que además de poner en vuestro cuerpo morfemas que lo aumentan o lo disminuyen, también podéis colocaros otros morfemas? Ahora no me sale el nombre, pero indican si se trata del masculino o del femenino y del plural o singular.

—Supongo que te refieres al género y al número —contestó Abstracto—. Son morfemas flexivos.

Irene estaba segura de que alguno de los sustantivos se colocaría sobre el tronco una peluca o una chistera (en el caso de Individual) como morfemas de género. Abstracto volvió a leer en la cabeza de la joven y replicó:

—Te equivocas, amiga. Si lo piensas bien, la mayor parte de los sustantivos no tienen sexo femenino o masculino. ¿Podrías decirme cuál es el sexo de una silla?; ¿el de un jarrón?

El género se aplica sólo a palabras como los sustantivos, no a los seres reales.

—¿Por eso existen animales que aun teniendo sexo poseen un único género? —dedujo Irene—. Pienso en la pantera o en el buitre. No decimos *pantero* ni *buitro*. Y cuando nos referimos a ellos como seres sexuados, introducimos *macho* o *hembra*. Así, *pantera hembra* o *buitre macho*.

—Exacto. Pero incluso en sustantivos que se refieren a humanos, el género puede no tener relación con el sexo. ¿No designa *persona* tanto al varón como a la hembra? Y estaréis de acuerdo conmigo en que *persona* es un sustantivo femenino.

—Espera un momento... —A Irene ya no había quien la detuviese.— ¿Qué ocurre entonces con *gallina?* ¿Por qué su género femenino se opone al masculino *gallo* y no ocurre lo mismo con *jirafa?*

Como Abstracto supo que María empezaba a aburrirse, intentó aligerar la conversación:

—Porque en algunos casos el género se ha aplicado adrede al sustantivo de acuerdo con su sexo. Simples razones prácticas: ¿qué te puede interesar más, discernir el sexo de la gallina o el de la pantera?

—Supongo que el de la gallina.

—Y supones bien. La gallina forma parte de tu entorno, te proporciona huevos. Interesa diferenciarla del gallo, despertador del alba.

Sí, María volvía a cruzar los brazos y a estirar la cara. Aunque supiera algo más sobre ese mundo tan abigarrado de letras y palabras, nadaba en un mar de dudas y casi siempre tenía la sensación de que se iba a ahogar sin que nadie fuera a rescatarla.

Abstracto intentó inyectarle vitaminas:

—¡Levanta el ánimo, mujer!

Su hermano Concreto lo auxilió:

—Muchas veces, no es necesario conocer la razón última de cada acción. Hay momentos en que se puede prescindir de una serie de conocimientos para alcanzar otros. No siempre es así, cierto, pero ello no ha de ser un muro sobre el que depositar la propia frustración. Ya has dado un paso importante al reconocer nuestros morfemas de género y de número...

A medida que Concreto hilaba su discurso, la atención de las jóvenes se había ido desplazando de sus palabras al techo del compartimento. Un humo denso se aferraba a la parte superior y, desde allí, parecía escrutar con interés sus cabezas.

—...por ejemplo, ¿no ves que Individual ha vuelto a sustituir su cabellera por muchos individualitos agolpados unos con otros?

De la nebulosa se desprendió un gajo de humo en forma de demonio que se deslizó sinuosamente alrededor de Concreto. Éste inhaló entre palabra y palabra los efluvios de semejante engendro de algodón.

—¡Pues está claro que ha colocado sobre sí un morfema de número, ignorante! —Los gritos del que antes intentaba consolar a María no sólo asustaron a las muchachas, sino que encendieron la luz de alarma entre todos los sustantivos.

—¡Los K han vuelto a sobrepasar los límites del compartimento! —exclamó Colectivo al presenciar cambio tan brusco en el ánimo de su padre y descubrir el humo intruso.

Concreto estaba cada vez más furioso:

—¡Parece que no tengas ojos en la cara, vagoncia! —Las desproporcionadas facciones de Concreto daban un aire todavía más temible a su reacción. El humo en forma de demonio se había colado entero por los grandes orificios de su nariz.

—¿Pero qué mosca le ha picado? —preguntó Irene, indignada—. ¿Y quiénes son esos K?

—Los pasajeros del compartimento de la derecha —le respondió precipitadamente Individual. Otra nube, esta vez en forma de payaso, se zafó de la masa grisácea y eligió como blanco el flaco cuerpo de Individual. De golpe y porrazo empezó a reír a carcajada limpia como una posesa histérica:

—¡Ja, ja, ja! Ya los conoceréis después... son divertidísimos... ¡ja, ja, ja! No tendréis tiempo de aburriros... ¡ja, ja, ja!

¿Se estaban volviendo locos? María e Irene no comprendían absolutamente nada. Miraron desesperadas hacia Abstracto, sabedoras de que él les explicaría cuando leyera en sus cabezas sus temores. Pero Abstracto no decía nada esta vez. Colectivo y él se habían sentado en el banco y aguardaban, resignados, su turno. Por eso, Irene insistió:

—Abstracto, ¿qué les sucede a Concreto e Individual?

Los gritos y las carcajadas iban mientras tanto en aumento. Concreto seguía despotricando contra María, Individual mofándose de todo aquél que se le pusiera por delante. Su risa resultaba muy molesta porque provenía de todos los morfemas individuales que sostenía encima de la cabeza, dado que estaba en plural:

—¡Ju, ju, ju! ¡Miradlas ahí pasmadas como si se les hubiese presentado el mismo diablo! ¡Ja, ja, ja!

—¡Yo te obligaría a escribir cincuenta veces todas las reglas de gramática para que espabilaras! —A María le atemorizaban cada vez más las palabras y los ojos enrojecidos de ira de Concreto. Fue ella la que se dirigió en esa ocasión a Abstracto:

—¡Dinos qué está pasando, por favor!

—El humo altera nuestro ánimo, nuestras formas, nuestro... —no pudo continuar. Presa de otro gajo venenoso que lo había abrazado con pasión, Abstracto se puso colorado y se acurrucó en una esquina.

—Tiene vergüenza —comentó Colectivo—. Yo ya he experimentado esa sensación con el humo en otras ocasiones. Se pasa francamente mal.

Ahora era él quien recibía el aroma nauseabundo. Cuando hubo aspirado hasta el último residuo, empezó a mover todos sus miembros en una danza frenética.

—Irene, tengo miedo.

—Será mejor que os vayáis del compartimento, al menos hasta que el humo se haya dispersado. Sólo entonces volverán esos a su estado normal, si es que alguna vez lo han tenido —el tono sosegado e irónico de Sustancio Pidedieta, allá en su rincón al fondo del compartimento, extrañó a las dos jóvenes.

—¿A usted no le afecta este humo? —indagó Irene.

Entre el griterío, las risas y los bailes de los sustantivos, Pidedieta suspiró:

—¡Cuánto te queda por aprender, pequeña! Yo soy un nombre propio y gozo de privilegios. ¿No ves que estoy resguardado por esta cortina? ¿No ves que me encuentro pegadito al compartimento de la izquierda, muy alejado del origen de esas humaredas contaminantes?

Irene se disponía a replicar pero María salía ya del lugar, decidida a poner fin a sus temores.

—¡Espérame, María!

Mientras cruzaban la puerta del compartimento nuclear para dirigirse al siguiente, la voz de los altavoces las sorprendió de nuevo: *Están ustedes abandonando el compartimento central. Esperamos que su estancia en él haya sido provechosa. Les recordamos que este vagón dispone de folletos informativos que aclararán sus dudas. Gracias.*

En un estante adosado a la parte derecha, Irene y María descubrieron unas tablas de piedra donde se hospedaban las siguientes reglas:

# NÚCLEO DEL SINTAGMA NOMINAL: EL SUSTANTIVO

## *SIGNIFICACIÓN*

Clase de palabra que designa una cosa, animal, ser o concepto abstracto.

Se clasifica en:

*a)* **Propios** (designan seres únicos): *Irene, Barcelona.*

*b)* **Comunes** (designan clases de seres):

- **Abstractos** (designan objetos representables sólo en la mente): *felicidad.*
- **Concretos** (designan objetos perceptibles por los sentidos):
  - **Individuales** (si designan en singular un objeto único): *abeja.*
  - **Colectivos** (si designan en singular un conjunto de objetos de idéntica índole): *enjambre.*

*FORMA*

Palabra (*humanismo*) compuesta por:

*a*) **Lexema** (parte significativa): ***humani****smo.*

*b*) **Morfemas** (variantes gramaticales o estilísticas que afectan al lexema): *humani****smo.***

• **Constitutivos** (acompañan necesariamente al sustantivo):

– **Género** (*perro*). Además de los morfemas de género (***-o, -e, -a,*** para el masculino; ***-a, -esa, -isa, -triz*** para el femenino), también el artículo puede marcar el género de un sustantivo (***el** cantante, **la** cantante*) e incluso lexemas distintos (***hombre / mujer***).

– **Número** (*perros*). Además de los morfemas de número (***-s*** si el sustantivo acaba en vocal átona; ***-es*** si acaba en consonante o vocal tónica salvo *e*), también el artículo puede marcar el número de un sustantivo (***el** lunes / **los** lunes*).

• **Facultativos** (no todos los sustantivos los poseen):

| | | |
|---|---|---|
| – **Objetivos**: | **Prefijos**: *in-, a-, des-*, etc. |
| | **Sufijos**: *-ancia, -mento*, etc. |
| – **Subjetivos:** | Sufijos **diminutivos:** *-ito, -illo*, ... |
| | Sufijos **aumentativos**: *-ón, -ote*, ... |
| | Sufijos **despectivos**: *-ucho, -uco*, ... |

*FUNCIÓN*

Su función primordial es la de ser **sujeto** de la oración (núcleo de un sintagma nominal).

Un sintagma nominal puede aparecer dentro de los sintagmas verbales, desempeñando las funciones de **complemento objeto** (directo, indirecto, suplemento), **complemento agente**.

Sus funciones compartidas son las de **atributo** del sujeto, **modificador directo** (aposición), **modificador indirecto** (complemento del nombre), **complemento predicativo**, **complemento circunstancial**.

## III

El humo se hacía cada vez más denso. María e Irene apenas pudieron ver cómo la puerta del compartimento de la derecha se abría automáticamente y una voz ya familiar les informaba: *Siguen ustedes en el vagón Sintagma Nominal Sujeto. Se encuentran en el compartimento de los modificadores. Les recordamos que en este compartimento sí está permitido fumar. Gracias.*

Hasta que sus ojos se aclimataron a la niebla cerrada que las envolvía, María no soltó la mano de su compañera. Todavía repicaban en su mente las agresivas amenazas de Concreto y temía encontrarlo en cualquier rincón oculto. Sin embargo, allí no parecía haber sino humo y ninguna forma a sus espaldas. Sólo de vez en cuando algún contorno de un gris más intenso que el resto dibujaba una silueta que al instante volvía a zambullirse en la masa de algodón.

—¿No tienes la sensación de que alguien nos observa? —Irene achinaba sus ojos para entrever a ese alguien intuido.

—Estoy empezando a arrepentirme de haber abandonado el vagón nuclear... al menos allí todo era nítido... ¡Tengo ganas de chillar! —María siempre había sido algo desmedida. Irene recordó lo histérica que se puso una mañana en que el tren que las llevaba al colegio descarriló. Cierto que eso no pasaba todos los días, pero nadie había sufrido daño alguno y ya entonces pensó que eran exageradas las señales de alarma de su compañera. Nada dijo cuando al entrar en clase con retraso considerable, oyó a María contar triunfante el incidente, posando como heroína ante los ojos del resto de alumnos. A ella, en cambio, le había tocado aceptar de nuevo el mismo segundo plano de siempre.

Cuando se disponía a tranquilizarla, Irene se encontró a dos palmos de su cara una silueta oscura que, por su larga cornamenta, aparentaba una cabra:

—Si no me equivoco, tú debes de ser Irene, nuestra salvadora. —Desapareció al instante para brotar detrás de María, esta vez en forma de caballo.— Y tú, María, su miedosa escudera...

—¿Quién eres? —abordó a las sombras Irene.

—Quiénes somos, querrás decir —contestó más allá un arcoiris que también terminó por disolverse.

A María no le había gustado en absoluto el comentario anterior del caballo de humo. ¿Ella escudera de Irene? No sabía qué había querido decir con eso exactamente, pero nada bueno debía de esconder. A pesar de todo, no reunió el valor suficiente como para retar a enemigo tan esquivo. Se amparó bajo las palabras de alerta que había pronunciado Colectivo cuando el humo transformó el carácter de Concreto:

—Son los K, Irene.

—Una joven muy lista. —Ahora, el gajo de ceniza tomaba la forma de un abanico.— Para más información, somos los adjetivos calificativos, alias los K.

—¿Cómo se lo estaban pasando esta vez nuestros vecinos? —preguntó una oveja pasajera.

—¿No armaban demasiado escándalo, verdad? —Ahora era un paraguas.

—Cada vez nos detestan más...

—Yo no me explico el motivo, pobrecitos de nosotros.

—Son unos ignorantes, si supieran que gracias a nosotros son más originales...

—Más auténticos...

—Más bellos...

Las formas aparecían y desaparecían como fantasmas de una casa encantada. Saltaban por encima de las cabezas de las jóvenes; se plantaban delante, las hacían girarse cuando surgían por detrás, con voces siempre distintas.

—¡Adjetivos! —increpó Irene—. ¿Seríais tan amables de no marearnos tanto?

Un cuerpo gigante de algodón, estructurado a base de pequeñas nebulosidades oscuras, se formó delante de Irene:

—¿Mejor así?

—Gracias. ¿Sois entonces los causantes del estropicio de ahí al lado? —quiso saber Irene.

—Digamos que sí. Aunque eres un poco injusta. Nosotros sólo nos divertimos con los sustantivos, modificándolos un poco... pero les hacemos un favor al mismo tiempo.

—¿Ah, sí? ¿Y qué favor es ese? —María no estaba para bromas. Se sentía más confiada ahora que su interlocutor estaba quieto y era visible.

—Los complementamos. Sin nosotros no valdrían más que como generalidades, no serían auténticos, curiosos.

—No veo ninguna originalidad en los gritos que daba Concreto —respondió una María todavía irritada.

—¿No? Yo sí la veo, y muy clara además. ¿Qué diferencia al Concreto *enfurecido* del Concreto *amable*?

—¡Vaya tontería! —La mueca de María era ahora burlona.— La misma diferencia que existe entre un hipopótamo y una hormiga.

—Ahí lo tienes. Nosotros describimos a los sustantivos, les proporcionamos mayor información para que puedan distinguirse de los demás de su misma clase. Ahora mismo hay un Concreto *enfurecido*, una Individual *risueña*, un Abstracto *vergonzoso* y un Colectivo *bailarín*. Pero dentro de un rato, cuando ya se les haya pasado el efecto de nuestra fragancia y volvamos a juntarnos con ellos, podríais encontraros con un Concreto *feliz*, una Individual *rencorosa*, un Abstracto *valiente* y un Colectivo *perezoso*.

Irene sonrió. ¡Cómo no se había dado cuenta en el vagón nuclear de que aquellos eran adjetivos calificativos! Se habría ahorrado el susto... pero, ¿y Sustancio Pidedieta?

—¿Por qué a Sustancio Pidedieta no lo habéis podido modificar?

—Ese Sustancio engreído... se resguarda siempre bajo su sombrilla y detrás de las cortinas. Es verdad que rara vez podemos caer sobre él. Verás, encuentra un nombre propio e intenta colocarle un adjetivo.

María tanteó. Pensó en voz alta alguna oración que contuviera un nombre propio: *Sustancio tiene una sombrilla*. Luego, la misma con un adjetivo: *Sustancio engreído tiene una sombrilla*. Era cierto, nunca se le hubiera ocurrido reflexionar sobre ello.

—¿Verdad que no parece posible encontrar un nombre propio calificado por un adjetivo? Sin embargo, hay momentos en que Sustancio, hambriento, abandona su caparazón y entonces, ¡zas!, ahí estamos nosotros para echarle el guante. Gracias a esas ocasiones tú puedes decir *Un Sustancio hambriento se levantó de su asiento.* En su momento comprenderás por qué ocurre esto.

—Pues a mí, vosotros, los adjetivos, me parecéis cursis —atajó María con desdén. Todavía zumbaba en sus oídos la palabra *escudera.* Además, se sentía excluida de la conversación—. Me aburren esos libros llenos de descripciones cargadas. ¡Menudo tostón!

—Antes de hablar tan locamente, deberías saber que formamos dos tribus muy diferenciadas de adjetivos calificativos: los explicativos y los especificativos.

—¿Cuáles sois vosotros? —se interesó Irene.

—Nosotros somos especificativos. Como os hemos contado antes, con nuestra presencia diferenciamos un sustantivo de otro. Mirad aquí.

Entre el humo encontraron dos televisores presidiendo el compartimento, enfrente uno de otro. En las pantallas apareció el compartimento nuclear y en ellas los sustantivos seguían bajo la fiebre de los gases pestilentes. Concreto gritaba agitando las manos en el aire, como si luchara contra enemigos invisibles; Individual reía balanceándose tanto que parecía estar barriendo la estancia; Colectivo bailaba con frenesí a lo Fred Astaire, mientras que Abstracto se secaba el sudor, rojo de vergüenza. Como espectáculo no estaba mal, desde luego. Ni el mismo Charlot hubiera igualado los vaivenes de aquellos actores improvisados.

—Antes hablabais con un Concreto *amable* —explicó el gigante de humo—, ahora estáis viendo a ese mismo Concreto *enfurecido*.

—¿Y la tribu de los explicativos? —preguntó Irene.

—Algunos están por aquí pero la mayoría prefiere situarse en la parte delantera del compartimento de al lado. No los habéis notado porque son invisibles, como un virus que se introduce en el cuerpo y no te abandona.

—Habláis de ellos como si no os gustaran.

—Es que no nos gustan, joven. Al principio actuábamos todos juntos pero empezaron a trabajar por su cuenta, de forma anormal, diferente. En vez de modificar a los sustantivos aportando una información imprescindible para conocer su estado de ánimo o actitud, se dedicaron a calificarlos indicando una cualidad que ya poseían. Así, se convirtieron en meros adornos, «Epítetos» se llaman ellos, orgullosos de su inútil función.

—No comprendo por qué habláis de función inútil —observó María.

—¿De qué color es la nieve? —y el humo tomó el aspecto de un maestro examinador.

—Blanca, ¡qué estupidez!

—¡Tú lo has dicho! Es una estupidez decir *blanca nieve;* a eso se dedican los explicativos: visten a los sustantivos con ropajes inútiles.

Irene había estado escuchando con atención las explicaciones de esas nubes concentradas en una. A medida que hablaban había ido frunciendo el ceño. Los especificativos eran demasiado severos con la otra tribu.

—No estoy de acuerdo con vosotros.

—¿Y por qué encantador motivo, si puede saberse?

—Porque lo que aparentemente resulta inútil puede llegar a tener una gran importancia. Para mí, no es lo mismo hablar, qué sé yo, de *la roja herida del gatito* que de *la herida del gatito*. Aunque todos sepamos que la sangre es roja, al mencionar el color podemos sentir que la herida es grave o que sangra abundantemente. A mí me agradan tanto los explicativos como vosotros. Cuando escribo las redacciones de clase, os utilizo todo lo que puedo. No sé, me da la impresión de que coloreo más el folio...

—Pues tu querido profesor no opina lo mismo, perdona. —María había pronunciado estas últimas palabras con gran énfasis, regodeándose en cada sílaba. No todos los días podía sacar a la luz algún punto débil de Irene en Lengua.— Acuérdate de que el otro día te dijo delante de todos que utilizabas muchos adjetivos. ¿De qué habló...? Sí, espera, que escribías de forma muy barroca, o algo así.

A Irene se le encendió la cara de vergüenza. Recordar el momento aquel en que el profesor Candel levantaba un brazo con su redacción en la mano era como asomarse al borde de una pesadilla y enfrentarse a la oscuridad más sobrecogedora. Tal vez a otro el comentario del profesor no le hubiera importado lo más mínimo, pero Irene tenía motivos para sentirse violenta. Admiraba como nadie al señor Candel, su manera de hablar sosegada y firme, sus gestos enérgicos cuando aclaraba una duda y se servía de algún ejemplo, el cálido tono de la voz... Su madre le decía entre bromas y veras que estaba enamorada de él porque no paraba de mencionarlo a todas horas. Una vez hasta se le escapó: *Ni que fuera tu padre*. Entonces ella exclamó fuera de sí, como no se le había visto nunca: *¡Ojalá pudiera hablar de mi padre todo el rato, pero no se merece ni que lo recuerde!*

Irene ni siquiera podía decir que sus padres se habían divorciado. Un día, tendría ocho o nueve años, su padre no apareció a la hora de cenar. A la preocupación evidente le siguió la alarma cuando al transcurrir la noche tampoco diera señales de vida. Los días se encadenaron unos con otros y la inquietud se instaló en la casa como una sombra angustiosa. Cuando todos los medios que pusieron en marcha para localizarlo hubieron fracasado y ya casi habían perdido toda esperanza, llegó una carta sin remite; en ella, su padre le explicaba a su mujer que se había enamorado de otra. Simplemente. El comportamiento cobarde, más que la causa que lo motivó, le hirió de tal modo que se propuso no mencionar nunca a su padre delante de su madre y de sus hermanos. Sólo ante aquel comentario imprudente de su madre, Irene no había podido contenerse. Pero no le volvería a pasar, de eso estaba segura. Pocos meses después de la brusca desaparición, empezó a escribir un diario. En sus páginas encontró la tabla de salvación para tanto odio y rencor acumulados. Al afán escritor le sucedió el afán lector que terminó por inyectarle un amor desmedido por las palabras.

A Irene se le habían mezclado todos estos pensamientos cuando María mencionó al señor Candel. Para ocultar su acaloramiento, prefirió desviar la conversación hacia otros derroteros:

—¿Por qué cambiáis tanto de forma?

—Porque somos variables, como los sustantivos y demás pasajeros de este vagón. Hay palabras que no pueden variar, pobres, como los adverbios o las conjunciones y... —un suspiro brotó de entre las nubes— ...las preposiciones. ¿Qué será de ellas?

Mencionar a las preposiciones suponía escarbar muy adentro hasta encontrarse con la tristeza y la nostalgia. En los mil rostros de esos seres nebulosos se apreciaban las huellas de un pesar sincero. Tanto Irene como María constataron lo importantes que podían llegar a ser para las palabras. Como el silencio se prolongaba y se hacía incómodo, la gran nube declaró con un aire que rozaba la pedantería:

—Aunque nos parezcamos en muchas cosas a los sustantivos y a veces tengamos que adecuarnos a sus cambios, poseemos un arma de la que carecen ellos y casi todas las demás palabras.

—¿Y qué arma es esa?

—El grado.

Irene sabía muy bien en qué consistía el grado del adjetivo. Con él se podían comparar dos sustantivos, entre otras cosas. Pero no comprendía por qué los adjetivos hablaban de *arma*. Así se lo hizo saber. Los otros respondieron con la misma soberbia de antes:

—No es por nada, pero nos gusta que los sustantivos nos respeten, incluso nos complace que nos tengan un poquito de miedo. Para ser sinceros, nos temen, y eso nos proporciona un placer diabólico.

De nuevo empezaron las nubecillas a danzar alrededor de las dos jóvenes:

—Los volvemos envidiosos al hacer que se comparen unos con otros.

—Al proporcionarles grados que después les quitamos.

—A veces Concreto se convierte en *el más inteligente* frente a los demás, sobre todo frente a su hermano Abstracto, al que le correspondería esa cualidad.

—Y para que eso suceda, le inyectamos grado superlativo, una sustancia que le transmite la sensación de dominio sobre el resto.

—Otras veces, inyectamos grado comparativo a los hermanos Individual y Colectivo, de modo que uno sea *más ágil, más simpático* o *más guapo* que el otro, o al revés, *menos diestro...*

—*Menos agradable...*

—*Menos hermoso.*

—¿Y por qué los atacáis de esa manera? —A María no le hacía la menor gracia el comportamiento de aquel enjambre grisáceo; pensaba sobre todo en Concreto, al que le había tomado mucho cariño.

—Para mantenerlos ocupados... —De nuevo hablaba una masa compacta.— Aunque parezca que están a nuestra disposición, no es así. Son ellos los que nos hacen amoldarnos a sus gustos. Como son pasajeros de primera clase, sí, no me miréis así, van en el compartimento central y ello les otorga privilegios; tenemos que amoldarnos a sus caprichos.

—¿Qué caprichos?

—Su género y su número. Cuando quieren estar en plural, nos tenemos que convertir en plural. Cuando se les antoja mudarse en masculino, ahí estamos nosotros en masculino. ¿Por qué creéis que hemos aparecido antes en su compartimento? —Las otras estaban boquiabiertas y ni siquiera reaccionaron para contestar a la pregunta.— Porque os estaban explicando cómo formaban el género y el número, y nos obligaban a transformarnos a nosotros también. De algún modo había que atajarlos.

—¡Qué crueles sois! —Si a María no le caían nada bien los adjetivos, a Irene le habían decepcionado un poco. No le gustaba su aire fantasmagórico, ni el tono orgulloso que empleaban. Tampoco su porte agresivo. Jamás hubiera pensado que entre las palabras pudiera haber rencillas, y menos aún auténticas batallas. ¿Por qué todas las relaciones acababan casi siempre en enfrentamiento? De repente se volvió a sentir sola, como en los recreos del colegio...

La niebla se había vuelto muy espesa, los adjetivos habían enmudecido de repente, heridos en su amor propio por las palabras que les acababa de arrojar María. Se vengaban a su manera, espesándose hasta tal punto que las dos jóvenes no podían verse. Andaban a tientas por el compartimento, cada una por su lado.

Aunque le encantara leer y la lectura fuera una amiga excepcional, Irene no había tenido más remedio que refugiarse en ella para hacer algo llevaderas las horas de patio. En ese preciso instante acababa de verlo todo claro (a pesar de que no veía nada). Se había hecho creer a sí misma y a los otros que su amor por las palabras era el motivo de su soledad, que no necesitaba a nadie más. Y era, realmente, la falta de alguien con quien compartir los pensamientos buenos y malos, lo que la obligaba a estar sola y refugiarse en la lectura. ¿No había sido la ausencia paterna la causa de su refugio en la escritura?

—Pensamientos tan tristes y serios no deberían ser propios de una joven de catorce años —la voz algo deformada de Abstracto se oyó entre la niebla.

—¡Abstracto! ¿Eres tú? ¿Qué haces en este compartimento?

—Hablar contigo, ¿no lo ves?

—No veo nada —ironizó la joven—. ¿Cómo es posible que te encuentres aquí si te acabo de observar a través de una pantalla?

—En este tren estamos en todas partes, Irene. No olvides que tú eres humana y nosotros solamente palabras. Dirígete como puedas hasta el fondo del compartimento, seguro que allí el humo estará menos concentrado.

Guiada por su instinto y con la ayuda de las paredes del vagón, Irene consiguió alcanzar el lugar que le había indicado Abstracto. Allí, efectivamente, la niebla apenas actuaba. Cuando sus ojos se hubieron habituado, se quedó completamente muda ante un Abstracto camuflado bajo una máscara de gas.

—No te extrañes, la usamos para que los adjetivos no nos contaminen. Está tan cargado el compartimento que caeríamos fulminados si no nos protegiéramos.

—¿Nos? ¿A quién te refieres?

—Los sustantivos también ocupamos este compartimento. Podemos modificar a los del vagón nuclear, aunque sin la malicia de los adjetivos. Ellos actúan directamente, con saña incluso; nosotros nos servimos de una coma o de... bueno, nos servíamos de las preposiciones.

—¡Claro, a un nombre lo puede modificar un adjetivo calificativo pero también un complemento del nombre o una aposición! —La alegría de Irene contrastaba con el tono de voz compungido de su interlocutor. Ella se dio cuenta de golpe.— Echas de menos a las preposiciones, ¿verdad?

—¿Tú qué crees? Sin ellas nuestra función aquí es nula. Colectivo e Individual han dejado de asomarse por el compartimento. Les puede la nostalgia. Con las preposiciones participaban en juegos malabares y piruetas de todo tipo. Parecían estar hechos los unos para los otros. Además de animadoras, eran las más bromistas del tren. Nos ayudaban a hacer rabiar a los adjetivos intentando modificar a los sustantivos del vagón nuclear antes que ellos. De modo que en vez de convertirme en un Abstracto *afortunado*, por ejemplo, muchas veces se anticipaban para transformarme en un Abstracto *con suerte*. DE y CON eran las que más se acercaban por aquí. Las otras preferían codearse con palabras del otro vagón. Pero todas eran fantásticas, cada una a su manera.

Mientras que Abstracto hablaba a través de la mascarilla antiadjetivo, Irene reparó súbitamente en la ausencia de María. Desde que las nubes las cegaran prácticamente, no habían vuelto a estar juntas.

—Ha abandonado el departamento, Irene —Abstracto había vuelto a leer en los pensamientos de su amiga.— Lo sé porque hasta hace un minuto podía leer en su mente, pero de golpe ha salido de mis ondas de influencia.

Irene empezó a intranquilizarse:

—¿Y qué fue lo último que pensó antes de salir de aquí?

Abstracto dudó. Luego, se atrevió a decir:

—María no se encuentra bien en este tren. En muchos momentos reniega de todo, sólo sueña con volver a su casa... tendrás que tener paciencia.

No le estaba descubriendo nada nuevo. Desde que subieron al tren, Irene se había arrepentido más de una vez de haber arrastrado consigo a su compañera de clase. Pero, al mismo tiempo, la necesitaba tanto a su lado... Sentía que por vez primera apreciaba la compañía de otra persona que no fuera un libro o una pluma. Iría a buscarla inmediatamente, pero antes tenía que volver a atravesar la selva de espuma que ensombrecía el compartimento...

—No hará falta —Abstracto se mostraba convencido—, acaba de llegar nuestro querido Regla de Oro; él podrá guiarte si el tiempo se lo permite.

Era cierto, el interventor se dibujó en medio de una niebla que empezó a dispersarse a toda prisa. De pie, bien asentado al suelo del compartimento, consultó su bloc de notas y un aparatito que manipulaba con pericia.

—Adjetivos, el nivel de contaminación supera lo permitido. No creo deber recordaros las reglas correspondientes a ese capítulo. La próxima vez seréis sancionados.

No quedó rastro alguno de los adjetivos. El compartimento había recibido de golpe una bocanada de aire limpio.

—Vaya, vaya... nuestra invitada se encuentra platicando con el viejo Abstracto. ¿Cómo está resultando la visita?

Irene no escuchó la pregunta. Quería tan sólo reunirse con María.

—¿Ha visto usted a mi amiga?

—Me he cruzado con ella, sí. Debía de tener hambre, porque iba directa al compartimento de los determinantes.

—¿Y qué tienen que ver los determinantes con el hambre?

Regladoiro sonrió.

—Digamos que lo podríamos llamar el compartimento cocina.

—A decir verdad, yo también tengo un poco de hambre. —Irene se inventó ese cuento para que el interventor le indicara cómo llegar hasta allí. Abstracto fue más directo:

—Irene quiere reunirse con su amiga.

—No hay problema —el interventor miró su reloj—, dentro de unos minutos tengo que estar por esa zona. Vamos.

Atravesaron el departamento de cabo a rabo. Al pasar por la puerta de salida, Regladoiro le entregó a Irene las reglas de piedra de los modificadores:

—Toma, por si a tu amiga le entra un repentino deseo de saber —y le guiñó un ojo.

Mientras volvían a cruzar el compartimento nuclear para acceder al de la izquierda, Irene fue ojeando las reglas que le había entregado el interventor:

# LOS MODIFICADORES EN EL SINTAGMA NOMINAL

## *EL ADJETIVO CALIFICATIVO*

Expresa una cualidad del sustantivo al que acompaña.

• **Género y número:** El adjetivo concuerda en género y número con el sustantivo al que acompaña:

– *El niño furios**o***

– *La niña furios**a***

· **Género:**

– Adjetivos de dos terminaciones *(furios**o/a**)*.

– Adjetivos de una sola terminación *(inteligente)*

– Delante del nombre, algunos adjetivos presentan una forma peculiar, apocopada *(**Buen** chico)*.

· **Número:** Se forma como el del sustantivo.

• **Adjetivos explicativos y especificativos:**

– Los adjetivos especificativos expresan una cualidad que diferencia al sustantivo de los demás de su especie:

*Un niño **furioso*** se distingue de *un niño **alegre***.

– Los adjetivos explicativos (**epítetos**) expresan una cualidad propia del sustantivo. Suelen aparecer ante puestos:

*La **dulce** miel.*

• **El grado:** Frente a las demás palabras (salvo el adverbio), el adjetivo puede expresar la cualidad del sustantivo en grados.

· **Grado positivo**: Mera posesión de la cualidad: *Mujer alta.*

· **Grado comparativo:** La cualidad se compara con la de otro término.

– De superioridad: *Mujer **más alta que** su hermano.*

– De igualdad: *Mujer **tan alta como** su hermano.*

– De inferioridad: *Mujer **menos alta que** su hermano.*

· **Grado superlativo:** La cualidad se expresa en grado máximo.

– Absoluto: *Mujer **muy alta** / Mujer **altísima**.*

– Relativo: ***La más alta** de la familia.*

Algunos adjetivos poseen comparativos y superlativos irregulares:

– Bueno: **mejor / óptimo**

– Malo: **peor / pésimo**

– Célebre: **celebérrimo**

– Pobre: **paupérrimo**

## *EL COMPLEMENTO DEL NOMBRE*

Un nombre modifica a otro nombre de forma indirecta, mediante una preposición (formando así un sintagma preposicional):

*La mujer* ***de mi hermano****.*

## *LA APOSICIÓN*

Un nombre modifica a otro nombre directamente, sin necesidad de preposición alguna:

*París,* ***capital de Francia****.*

*Mis amigas* ***Rosa y María José****.*

## IV

*—Sigue usted en el vagón Sintagma Nominal Sujeto. Se encuentra en el compartimento de los determinantes. No olvide vaciar la bandeja una vez terminada su comida. Gracias.*

Nada más irrumpir en el compartimento, Irene se vio envuelta en un ajetreo infernal que apenas le permitió tener conciencia de lo que allí ocurría. Como una peonza, empezó a girar alrededor de sí misma, propulsada por enérgicos seres que pasaban rozándola y hasta golpeándola. En sus oídos se estrellaban los *perdón, lo siento, cuidado, paso, que voy, descuida, con permiso, pi-pi, quita, no tengo frenos, atrás, mira por dónde vas, por favor, hazte a un lado* y cuantas fórmulas expresasen algún tipo de mensaje parecido.

Cuando encontró un rincón donde guarecerse, el espectáculo que presenció la dejó sin habla: si en el dominio de los K el humo era denso y prácticamente irrespirable, allí, minúsculos torbellinos escapaban de las ollas aterrados ante su propio olor y se mezclaban unos con otros hasta terminar aspirados por cuatro inmensas chimeneas instaladas en los ángulos del compartimento. De parte a parte del mismo, se desplazaban, a todo gas, unos personajes que a Irene le parecieron buñuelos andantes que variaban de forma a medida que movían sus extremidades. Trasladaban unas bandejas más grandes que sus propios cuerpos, repletas de alimentos multicolores. Ni eran sorbetes, ni frutas tropicales, ni caramelos, pero el brillo que los vestía ostentaba el púrpura de la zarzamora, el oro de un helado de limón o el esmeralda de un caramelo cristalino. En una extremidad del vagón se amontonaban cajas de cartón cuadradas dentro de las cuales los buñuelos depositaban su comida. Irene alcanzó a ver cómo unos procuraban verter un único sabor en cada caja, pero en ocasiones, fruto del azar más que de la intención, algunos cartones recibían más de un sabor.

Los distintos aromas que olfateaba desde su rincón terminaron por abrir el apetito a la adolescente. No tardaron las tripas en recordarle que su hora de comer había llegado. Pensó en el plato que la estaría aguardando en casa y, por un momento, lamentó no estar allí para saborearlo. Una sola vez a la semana tenían la tarde libre y ese día se convertía en una pequeña fiesta. Además de no tener clase, se libraba del comedor, un verdadero suplicio para ella. Durante la cola interminable no sabía hacia dónde mirar, dónde aparcar los gestos, qué postura adoptar. Sin su libro-escudo entre las manos se sentía torpe, observada. Un grupito reía allá delante, seguro que se mofaba de ella; otro hablaba mirando en su dirección, desde luego estaría criticándola. ¡Qué torpe podía llegar a sentirse una en la realidad de todos los días y qué heroína entre las páginas de una novela de aventuras! A veces coincidía con Héctor en la interminable fila. Entonces respiraba aliviada porque con él discutía con pasión sobre las clases, la última película que hubieran visto o el libro de lectura que guardaba en la bolsa. A Héctor también le gustaba leer. No tenía tampoco muchos amigos, pero ello no parecía suponerle ningún problema, porque había logrado ser elegido ayudante del bibliotecario y ocupaba los recreos con una actividad que le complacía. Sólo algunas veces lograba llegar a tiempo de comer con los demás, por eso Irene echaba mucho de menos su compañía en las otras ocasiones. Cuando se sentaba delante de la bandeja, las miradas de los demás la incomodaban menos. Se dedicaba a alternar con los alimentos que se llevaba a la boca, y las conversaciones ajenas, el ruido de los cubiertos o el chocar de los platos unos con otros, no eran más que un eco vespertino que mecía sus pensamientos.

—Despierta, muchacha —Rogelio Regladoiro le pasó varias veces la mano por delante de los ojos como si limpiara el aire—, regresa de tu mundo. No sé si encontrarás aquí a María, hay demasiado ajetreo ahora. Yo no me puedo quedar más tiempo; si algo no fuera bien, avísame tirando de la palanca de emergencia: cada departamento está provisto de una. Acudiría lo antes posible.

—¿Por qué hay tanto movimiento aquí?

—Se acerca la hora de alimentarse, pequeña. Es ley de vida.

Se alejó a toda prisa, como si le hubiese contagiado el ajetreo del compartimento. Irene se había quedado con las ganas de preguntarle si podía probar esos platos tan aromáticos. «No creo que pase nada», pensó. Y se dirigió hacia uno de los buñuelos que manejaba las cajas de cartón:

—Hola. ¿Por qué echáis comida en las cajas?

El otro no se dignó ni siquiera mirarla, siguió ejecutando meticulosamente su trabajo. Probó entonces con el que se encontraba más cerca del anterior y nada, el silencio por respuesta. Una actitud tan arrogante enfureció a la joven:

—¿Es que nadie va a decirme qué estáis haciendo? —Su tono elevado petrificó por un momento la actividad general. Hasta que en medio del silencio, una voz estalló desde el fondo del compartimento:

—¡Irene, qué alegría! —María se precipitó hacia ella acompañada por un buñuelo muy distinguido. Al instante, los demás reanudaron su curso con el mismo ritmo frenético de antes.— ¡Este compartimento es increíble, me encanta! ¡Este amigo, aquí presente, me lo ha enseñado todo, esas ollas y esas cajas y aquellos platos! —señalaba a un lado y a otro, gritando como una posesa.

A Irene le sorprendió el cambio de actitud de su compañera de viaje: si por un lado se sentía feliz y halagada ante la satisfacción impresa en el rostro de María, por otro le desagradaba su tono de voz estridente y chillón. Éste parecía ir en aumento.

—¡Si supieras lo bueno que está todo! ¡Esa pasta amarilla me ha gustado más que esta papilla verde!

—¿Por qué gritas tanto?

—¡Qué preguntas haces! ¡Porque me encuentro fenomenal! ¡Este coleguilla me ha dado a probar todas aquellas cosas exquisitas, están como para chuparse los dedos! —y seguía señalando aquí y allí cuanto nombraba. Parecía ida y reía con ganas—. ¡Ven, prueba esta sopa, tiene un color fabuloso y sabe, sabe... como el turrón! ¡Anda, prueba, te encantará!

Irene dudaba. María la había arrastrado hasta una mesa donde descansaban platos repletos de un líquido ocre. Su color invitaba a tomarlo, desde luego...

—¡Mira qué brillo! ¡Esta sopa me chifla! ¡Hummm, qué delicia! ¡No seas gallina! ¡Si te consideras amiga mía, pruébala!

Aquella última frase entró en el cuerpo de Irene como un relámpago pero no salió de él con la misma rapidez. Era cierto, ¿qué podía pasar? Además, ya estaba harta de hacer cosas tan diferentes de las que divertían a María y sus amigos. ¡Claro que la probaría!

Cuando se disponía a ahogar la cuchara en la sopa, una vocecilla la detuvo en seco:

—Si pruebas la sopa *demostrativa* te pasará lo mismo que a María. —El que acababa de hablar era un buñuelo más espigado que los demás. Después de soltar su sentencia, cruzó los brazos en actitud de espera.

—¡Qué tonterías dice este larguirucho! —La voz elevada de María, nerviosa, mezclada con una sonrisa histérica, contrastaba con la calma del recién aparecido, que nada contestó.

El que sí tomó la palabra fue el acompañante engalanado de María. Bajito y regordete, llevaba una corbata floreada de colores vivos que contrastaban con el pálido amarillo de su chaqueta:

—¿Por qué vienes a incordiar, Determinado? ¿Quién te ha pedido que te metas? ¡Largo de aquí!

Irene no entendía nada, pero aquello de la *sopa demostrativa* le había hecho pensar en los reiterados señalamientos de María con el dedo, en las muchas veces en que había utilizado los adjetivos demostrativos. Por eso, exigió una aclaración.

—Vámonos de aquí, María. —El buñuelo tomó la mano de la joven.

—¡Vamos, no queremos nada con estos aguafiestas!

Y se alejaron hacia el lugar del que habían salido, un rincón donde algunos platos dormían medio vacíos en el suelo.

Irene miró interrogante y entristecida al tal Determinado.

—Tu amiga —le explicó a la joven— está cogiendo una buena. Y todo por culpa de las malas compañías...

—¿Te refieres a ese que va con María? No me ha gustado su mirada, el desprecio que salía de sus ojos caídos. ¿Quién es?

—Es Indeterminado, un artículo como yo. Cocinero y Relaciones Públicas, un presentador nato, curtido en mil batallas. Se las sabe todas, encandila con su voz, va siempre muy aseado y te puede presentar a cualquiera, conoce a todo el mundo.

—Hablas de él como si lo admiraras.

—En su día lo admiré, es cierto. Pero de eso hace mucho tiempo. Descubría todo antes que yo, se adelantaba siempre a mí, lo que incentivaba mi aprecio y alabanzas. Como cocinero era excepcional, el mejor. No sé si sabrás que en este compartimento alimentamos a muchas palabras del tren, principalmente a los sustantivos.

—¡Ah!, ¿de ahí las cajas de cartón?

—Ésas —respondió Determinado— están destinadas a los pasajeros del vagón Sintagma Verbal Predicado. Nos encargamos de hacerles llegar los pedidos. En cambio, los sustantivos de este vagón, también a veces los adjetivos, vienen aquí a probar nuestros menús. Gracias a nosotros existen, ¿lo sabías?

—No. Aunque, ahora que lo pienso, los determinantes son los que concretan el significado de los sustantivos. El señor Candel siempre nos pone el mismo ejemplo: una cosa es *cartera*, un concepto que podemos describir en general, otra muy distinta *mi cartera*, y señala siempre su cartera de cuero marrón abierta sobre la mesa.

—Efectivamente, nosotros siempre recortamos el sentido del sustantivo, de ahí que nuestro compartimento esté delante del suyo, pegadito. De entre los determinantes, Indeterminado y yo nos diferenciamos del resto, somos artículos. Yo aprendía mucho de él, como te decía. Llegamos a ser socios y todo.

—¿Qué ocurrió, entonces? —Irene estaba intrigada.

—No lo sé exactamente. Tal vez el exceso de trabajo, tal vez la monotonía...

—No engañes a la chica —un buñuelo que extendía una masa azulada, lo interrumpió—, cuéntale lo que todos sabemos, anda.

Ante la mirada insistente de Irene, el otro cedió:

—Parece, sencillamente, que empezó a tenerme celos. Un día le dio por imitar mis recetas pero no le salían como a mí. Y es que cada uno de nosotros tiene su truquillo especial, por eso se nos reconoce a los unos de los otros. Los sustantivos notaron el fraude y se quejaron al interventor. Hubo un revuelo increíble en todo el tren. Regla de Oro le impuso una multa severa y el prestigio de Indeterminado cayó en picado. Aunque los sustantivos tenían que seguir alimentándose a la fuerza con comida preparada por él, ello no impidió que le dieran la espalda. No se volvió a oír ningún halago, ningún gesto de agradecimiento hacia su labor. En vez de recobrar la confianza de los demás, se dedicó a asuntos turbios...

—No me extrañaría nada que estuviese conchabado con Sinsentido y algo tenga que ver con lo de las preposiciones —susurró el mismo buñuelo de la masa azulada.

—No exageres, Posesivo, Indeterminado puede ser malo pero no hasta esos extremos.

—Ya, ya, tú espera y verás —esta vez otro buñuelo intervino en la conversación.

—Vosotros, los adjetivos determinativos, siempre sois muy mal pensados —aseveró Determinado—. En fin, como te iba diciendo, Irene, emprendió asuntos misteriosos, a espaldas de todos nosotros. Pero eso no fue lo peor: se dedicó a vengar su vergüenza haciéndonos la vida imposible. Cuando alguno se despistaba, aprovechaba para contaminar nuestros platos con sustancias extrañas que mareaban a las palabras que comían de ellos. Hasta que descubrimos el enredo tuvimos más de un disgusto. Además, y eso atañe de cerca a tu amiga, la emprendió con los pocos visitantes humanos y no humanos que han pasado por este tren. Hacía uso de su encanto y facilidad de palabra para atraerse la atención de aquellos que desconocían sus artimañas y les daba a probar de nuestros platos.

Irene se le quedó mirando preocupada.

—¿Pasa algo malo si los humanos probamos vuestra comida?

—¿No has visto cómo está María? Nuestros platos son droga en estado puro para vuestras cabecitas.

La joven volvió justamente la cabeza hacia donde conspiraban María e Indeterminado. Esa situación no le sonaba muy diferente a la que había vivido algunas ocasiones en el patio o en la cola del comedor. María se rodeaba siempre de sus acólitos, disfrutaba siendo la cabecilla; quien no formara parte de su grupo podía prepararse, porque lo ponían verde a la mínima. Sin embargo, esta vez, Irene se sentía en cierto modo responsable de lo que le pudiera suceder, y desde luego estaba claro que la compañía que en esos momentos tanto hacía reír a su compañera era muy perjudicial para ella.

La historia de Indeterminado le daba pena, a pesar de todo. ¿Por qué habría sentido celos de Determinado? Es verdad que cuando había estudiado los artículos en clase siempre le habían parecido más importantes los determinados. Y no conocía el motivo. A lo mejor, pensando en oraciones en que surgieran los dos se le aclaraban las ideas: *Un niño juega con la pelota. El niño se llama Héctor*. ¿Sería a causa de la misma indeterminación? Cuando aparecía el determinado, uno ya conocía el objeto o la persona a los que concretaba, resultaba más familiar y por tanto más cercano. Había veces, incluso, en que el determinado no necesitaba la presentación previa del indeterminado para aparecer. Y pensaba en oraciones como *La Tierra es redonda* o *El sol brilla en el cielo*: como *Tierra* y *sol* sólo había uno, no se requería ninguna presentación. Tal vez eso pudo provocar las envidias de Indeterminado. Como no estaba muy satisfecha con tales disquisiciones, prefirió preguntarle abiertamente a Determinado la causa de los celos. Éste agachó la mirada entre nostálgico y avergonzado:

—Me tenía celos porque yo frecuentaba a las dos preposiciones más graciosas que haya conocido nunca: A y DE.

Con ellas formaba un equipo formidable. Tenerlas cerca me transformaba por completo, me convertía en otro artículo, más vigoroso, más atlético...

—Te convertías en un artículo contracto y punto. Déjate de sandeces. —Posesivo no parecía mostrar un carácter muy amigable.

—Sí, eso es, un artículo contracto lleno de vida, de felicidad...

—Vaya, que estaba enamorado. —Esta vez intervino un buñuelo vejete y con chepa.— Pero enamorado de las dos a la vez, no te creas.

—Y si no me equivoco, Indeterminado también se había enamorado de las preposiciones. —Irene empezaba a comprenderlo todo.

—De las dos, no —respondió el artículo—. Solamente de A. Posiblemente porque era de su misma estatura, vete tú a saber. No podía hacer nada por cumplir sus deseos. ¿Qué culpa tenía yo de poder acoplarme con las dos y convertirme en *al* y *del*? ¿Qué culpa tenía yo de que a él le fuera imposible? El caso es que lo intentó enconadamente con A.

—Pero ella le dio calabazas —sentenció el buñuelo jorobado, alejándose—. ¿Quién puede contra los deseos de Cupido?

—A partir de su desengaño amoroso comenzó a copiarme las recetas y a comportarse de forma diferente...

Los gritos cada vez más estridentes de María interrumpieron el diálogo y ensordecieron el compartimento:

—¡Aquellos estirados no saben lo que se pierden! ¡Este amigo es el único que me comprende!

Irene y los buñuelos que la rodeaban dirigieron algunas miradas incómodas hacia la pareja, que se había dejado caer en el suelo, entre restos de comida.

—¿Por qué señala todo el rato con el dedo? —El asombro de Irene convivía con la indignación. María podría estar ebria o drogada o lo que fuera, pero la buena o mala educación nada tenían que ver con eso.

—Si yo no te hubiese impedido tomar una cucharada de *sopa demostrativa* —le respondió Determinado—, tú también estarías señalando a todas partes con el dedo. Nuestro inconsiderado presentador ha halagado esta vez a su víctima con el plato más ligero de todos los que encontrarás aquí: Demostrativo es cocinero experto en unas sopas y menestras que abrirían el apetito a cualquiera. Los sustantivos suelen pedirlas a menudo, porque gracias a ellas les es permitido indicar la cercanía o lejanía de aquello que representan. Demostrativo, explícale a nuestra invitada cuáles son tus especialidades.

Un buñuelo de mediana estatura dejó de remover el líquido de una olla enorme. Su cara rezumaba una alegría sana que contrastaba, sin embargo, con la atmósfera general del compartimento. Desde donde se encontraba, levantó la cuchara para exponerle a Irene sus dotes culinarias. Unas cuantas gotas resbalaron apresuradas por el palo de madera.

—Tres son mis sopas habituales: la primera contiene pedazos de frutas dulces para paladares infantiles. Se trata de una sopa-proximidad que ofrece a todo aquel que la toma una sensación de abrigo y confort. En el polo opuesto, suelo preparar la menestra-lejanía para paladares exigentes. Su sabor picante le proporciona un toque distintivo e imposible de imitar. Entre una y otra, me gusta cocinar un puré para los indecisos, que son muchos en este vagón. Lástima, joven, que no puedas degustar mis platos, te pierdes un bocado exquisito.

—No pierde nada, Demostrativo; al contrario. Ya sabes lo que le espera a esa chica, María, por haber hecho caso de Indeterminado.

Irene se sobresaltó al oír las últimas palabras del artículo. En realidad, no había calibrado el alcance de esa borrachera de sopa demostrativa. Pensaba que una simple resaca seguiría al delirio de su amiga:

—¿Qué le puede pasar a María?

—Nada, justamente —contestó Determinado—, me temo que nada. La joven permanecerá para siempre en el estado actual a menos que...

—¿A menos que qué? —Irene no salía de su estupor.

—...a menos que experimente una emoción tan violenta que le produzca un mazazo terrible.

—¿Como cuando uno tiene hipo y se le quita con un susto?

—Más que un susto necesitaría para salir de su estado, Irene. Desgraciadamente, no te doy muchas esperanzas. Dudo que en este tren María se encuentre con algo capaz de cortarle la respiración.

Irene experimentó una sensación de repulsa hacia ese artículo indeterminado regordete y mafioso. ¿Cómo podía haberse dejado embaucar tan fácilmente María? Lo miró con desdén. Ni lástima le daba ya. ¿Y Determinado decía que iba siempre impecable? ¿A esos trapos tan mal combinados llamaba él «impecable»? Aunque estuviera durmiendo y no consiguiera verle los ojos, conservaba ella, en la retina, el eco de una mirada sucia de la que no podía fiarse ni por asomo. Eso era, una mirada indefinida, poco transparente, ¡claro!, indeterminada también ella. Unos cuantos anillos se abrazaban tan fuertemente a sus dedos que faltaba poco para que los asfixiaran. Anillos groseros, de cabeza plana y cuadrada, con la insignia estampada de algún símbolo misterioso. Tanto oro entre los dedos, ¿representaba poder o apariencia vana?

La joven descubrió que Determinado miraba también hacia la misma dirección, y era como si mirara hacia su propio pasado.

—¿Antes —le preguntó— vestía tan aparente?

—Antes —y la respuesta del artículo carecía por completo de ironía alguna— era el buñuelo más distinguido de toda la cocina. No le hacían falta matasellos dorados en los dedos, ni pasacorbatas faraónicos, ni tanta brillantina para dos púas famélicas que le quedan.

María se había incorporado a duras penas y vagaba de mesa en mesa con hambre de cocina. La que antes riera con poderosa energía, sólo acertaba ahora a emitir gemidos, eso sí, en voz alta y chillona:

—¡Ay, qué hambre, este estómago quiere algo! ¡Ay, qué hambre!

Los buñuelos que se encontraban cerca de ella le dieron rápidamente la espalda y mostraron una actitud arisca. Irene sintió que era la misma actitud que había presenciado ella nada más llegar al compartimento. Acababa de comprender el motivo. Los gritos de María podían espantar incluso al más indolente. Si utilizaba muchos adjetivos como *esta, ese* o *aquella* porque había probado las sopas y menestras demostrativas, ¿no habría engullido también alguna otra cosa que la obligara a chillar de ese modo? Se acercó a unos metros de donde descansaba Indeterminado y observó que en el suelo, junto a restos de líquido ocre, se esparcían bocaditos multicolores en forma de corazón. No le costó mucho descubrir, más allá, una mesa repleta de pequeños corazones parecidos y a un cocinero moldeando una masa transparente que vestía de rojos, azules y amarillos después de zambullirla en un líquido espeso. A Irene no le cupo la menor duda acerca de la identidad de ese cocinero:

—Usted se llama Exclamativo, ¿verdad?

El buñuelo pareció sorprendido. Efectivamente, se llamaba así.

—Me ocupo de los dulces. Mis figuritas hacen furor entre las palabras. A los sustantivos más jóvenes les encantan... ¡están tan azucaradas! Siempre exclaman después de probarlas frases del tipo «¡*Qué* corazoncitos tan ricos!» o «¡*Cuánto* azúcar tienen estas figuritas!».

Irene pensó en Individual y Colectivo. A ellos, seguramente, les encantaría tomar los dulces exclamativos. Como por arte de magia, esas casualidades que se dan tan pocas veces en la vida, los sustantivos al completo irrumpieron en el compartimento con unos delantales blancos cubriéndoles el cuerpo. Tras ellos, aparecieron también algunas nubes de algodón que la adolescente reconoció enseguida: eran adjetivos calificativos. Tres personajes más entraron con los otros, pero Irene no los había visto hasta ese momento.

—¿Está lista nuestra comida, Determinantes?

Concreto fue el primero en descubrir la presencia de Irene y de María:

—¿Cómo están nuestras amiguitas?

Antes de que Irene pudiera abrir la boca, María se adelantó loca de alegría:

—¡Concretito, qué casualidad tan estupenda! ¿Vais a comer también estas maravillas?

Y acto seguido dio media vuelta y continuó su peregrinar entre cacerolas y pucheros. Los sustantivos miraron inquisitivamente hacia Determinado y los adjetivos determinativos que se encontraban a su lado:

—¿Qué le habéis hecho a la chica?

—Ha sido Indeterminado —contestó Posesivo—. Le ha dado a probar de nuestros platos.

—¡Qué canalla! —A Concreto le escocía particularmente el hecho, puesto que sentía también una peculiar simpatía hacia María. Había estado esperando encontrársela, en cualquier momento, para disculparse por la reacción airada que tuvo cuando los adjetivos modificaron su carácter.

El hambre, sin embargo, les hizo olvidar rápidamente la escena y dedicarse a los platos aromáticos. Mientras Individual y Colectivo se abalanzaban sobre los dulces exclamativos, Concreto prefirió dedicarse a unos pasteles redondos cubiertos por unos pétalos parecidos al hojaldre.

Cuando su hermano Abstracto intentó acceder también a los pasteles floreados, Concreto reaccionó airadamente:

—¡Éstos son mis pasteles! ¿Por qué siempre que quiero cargarme las pilas con adjetivos posesivos llegas tú con idénticas apetencias? De eso nada, estos son mis pasteles y de nadie más.

Abstracto era consciente de que su hermano podía concentrar una tal cantidad de músculos capaces de catapultarlo al otro costado del vagón, por lo que desistió de su intentona. Además, él no se caracterizaba precisamente por usar la fuerza, sino el entendimiento. Era partidario de agotar hasta el límite palabras y buenas intenciones antes que los puños y el odio. Otros llamarían a eso cobardía. ¡Qué gran cobarde era él entonces!

El buñuelo Posesivo había asistido con placidez a la escena anterior y, ante la expresión asombrada de Irene, explicó:

—Me encanta comprobar que mis pasteles posesivos surten el efecto que los sustantivos reclaman. Concreto es el más aficionado a mi cocina, cosa que me halaga sobremanera.

—¿No se ha mostrado un poco egoísta?

—Desde luego —contestó el buñuelo—. La materia busca a la materia. En los tiempos que corren, cuesta un mundo compartir algo con los demás, por eso mi papel es uno de los principales. Gracias a mis alimentos de primera calidad, las propiedades quedan perfectamente delimitadas: tú tienes tus pertenencias, yo tengo mis pertenencias.

—Entonces —preguntó Irene, decepcionada—, ¿no fabricas pasteles que den la oportunidad de compartir con los demás a quienes los prueban?

—Claro que sí, mis pasteles son de dos tipos: estos que ves aquí, los preferidos de Concreto, esconden en su interior una carne compacta, apropiada para un único poseedor. Aquellos de allá, con hojas más espesas, albergan filamentos verdes, parecidos a vuestras espinacas, que invitan a la generosidad. Abstracto termina más de una vez consumiendo éstos últimos, se pone melancólico, inaguantable. ¿Os acordáis del día aquél en que nos hizo llorar a todos con lágrimas de cocodrilo? ¡Qué digo de cocodrilo, de caimán!

—¿Qué ocurrió?

—Empezó a pasar revista a nuestras aventuras de tiempos pasados, cuando todavía éramos jóvenes e inexpertos.

—Sí, sí —lo interrumpió el buñuelo viejo y encorvado—, como sabe leer en nuestras mentes, nos recordaba aquello que más podía rozar nuestra vena sensiblera. ¿Verdad, Posesivo?

—Verdad, Interrogativo. Si para ti eso no es compartir, Irene, que baje el Señor de las palabras y que lo diga. Empezaba con eso de «*nuestro* compartimento era...» o aquello de «*vuestra* comida resultaba...» y no terminaba nunca.

Mientras le explicaban estas y otras anécdotas, Irene había estado observando cómo tres o cuatro nubecillas adjetivas habían comenzado, entre risas y empujones infantiles, a multiplicarse y a dividirse:

—Una verde...

—...dos rojas...

—...cinco azules...

—...¡veinte amarillas!

Saltaban unas sobre las otras, se deshacían para volverse a formar con mayor brío, reían con ese aire satisfecho que regala la despreocupación y el regocijo:

—Dos verdes...

—...una roja...

—...diez azules...

—...¡ay, y diez amarillas!

A los sustantivos esos juegos no parecían divertirles excesivamente. Al contrario, mostraban sin tapujos una expresión ensombrecida, como si también ellos estuvieran nublados.

—¿A qué están jugando? —A Irene, en cambio, el espectáculo le divertía. Parecía haber olvidado por completo el miedo y respeto que en otro momento sintiera hacia alguna de esas nubes.

—Al juego de los numerales —respondió Concreto—. Espero que a mis hijos no se les ocurra beber de esos zumos del trópico. ¡Estaríamos listos! Esto semejaría un circo y no estamos hoy para representaciones.

—¿No es cierto que, de un compartimento a otro, han cambiado mucho estos adjetivos? —La pregunta de Irene intentó aparentar la máxima cautela.

—Y tanto —esta vez fue Abstracto el que respondió—, por si no lo sabes, ahora irán a nuestro compartimento nuclear. Cuando se alimentan con adjetivos determinativos, los K funcionan como nosotros, logran instalarse durante un tiempo en nuestros aposentos.

—Son reyes por un día —afirmó Determinado irónicamente.

—Y tanto —intervino una de las nubes—. ¡Como si no tuviéramos derecho también nosotros a viajar en primera clase! Y no debería ser sólo durante un día, sino cinco, veinte, diez mil.

Volvió a integrarse y desintegrarse entre sus compañeras. Al rato, salió del grupo para añadir:

—Además, no somos los únicos que ocupamos el compartimento nuclear aparte de los sustantivos. También a ellos podrías considerarlos unos intrusos —y señaló con un dedo de humo hacia los tres personajes que Irene desconocía. Altos como torres, formaban un círculo y charlaban amistosamente como si la conversación no fuera con ellos—. Pero claro, siempre ha habido categorías.

—¿Quiénes son? —le preguntó Irene en voz baja a Determinado. En verdad, estaba intrigada.

—Son Enhar, Enher y Enhir. Los tres modelos de la conjugación.

—¡Ah!

—Supongo que ya tendrás tiempo de conocerlos. Si vas al vagón Sintagma Verbal Predicado, es imposible que no te encuentres con ellos. Son los reyes del lugar. Y muy apreciados, por cierto. Al menos son más humildes que otros, ejem...

Irene comprendió que Determinado se refería a Sustancio Pidedieta, que en ese momento pasaba por delante de ellos y saludaba con una leve inclinación de cabeza, bajo la sombrilla que tanto hiciera reír en su momento a María.

—Si por él fuera —continuó el artículo—, no vendría por aquí. Pero le puede más la gula que su miedo a los K.

—¿Los K...? Es verdad, ahora recuerdo que me hablaron de lo difícil que era pillarle.

—Eso es, pero gracias a nosotros, los Determinantes, Pidedieta sale de su burbuja de cristal para comer. Cierto que no viene con tanta frecuencia como los otros sustantivos: órdenes estrictas del interventor, que también es nuestro médico.

—¿Está enfermo? —A Irene le empezaba a apesadumbrar la soledad del nombre propio.

—Es alérgico. Cuando la humareda adjetiva lo envuelve, pasa momentos de verdadero sofoco. Se le excita la piel, su respiración se entrecorta, un desastre. Y todo por probar de nuestros platos.

Irene intentó recordar las breves palabras que intercambiara con Sustancio:

—Él me dijo que gozaba de privilegios...

—Déjalo que se crea poderoso. Es un pobre infeliz. Cuando está a merced de los modificadores se convierte en un fantasma. Míralo, ahora está probando mis ensaladas determinadas. Antes de que alcance su asiento, es posible que los adjetivos calificativos caigan sobre él y lo asfixien. Y no te aflijas, porque gracias a ese acto aparentemente tan cruel tú puedes construir oraciones del tipo *El Sustancio más infeliz se deja llevar por el hambre.*

Cuando Irene iba a replicarle, enternecida ante la noticia de la enfermedad de Pidedieta, un grito la paralizó. Todo el vagón cesó su actividad. La estridencia del chillido había sido de tal magnitud que un ligero temblor removió las cacerolas. Provenía del compartimento nuclear y, no obstante, había sonado como si estallase a dos palmos de sus oídos.

A ese grito afilado le siguieron algunos más. Crecían en intensidad y se perdían por los cuerpos de las palabras, transmitiéndoles todo el pavor e histeria de los sonidos, todo el miedo enfrascado en unos segundos de agonía.

Irene se volvió con la rapidez del rayo hacia donde minutos antes había visto por última vez a María. No estaba allí. Empezó entonces a girar la cabeza de un lado a otro, con tanta contundencia que a punto estuvo de marearse. Los obstáculos contra los que topaban sus ojos se desdibujaban esperpénticamente, en una especie de baile agitado. Ni rastro de María. No le cupo la menor duda de que su amiga estaba en peligro, y el miedo arrojó también su capa de sombra sobre ella.

Esta vez no había tiempo para entretenerse con reglas de piedra ni con explicaciones. María había arrojado al aire un alarido lleno de pánico y tenía que correr en su auxilio. Al abandonar el compartimento, golpeó una tabla de piedra que sobresalía del estante. Cayó al suelo y se deshizo en pedazos. Fue Abstracto el que se agachó a recomponer los trozos, demudado el rostro e impotente, porque de nada le servía esta vez leer en las mentes:

## LOS DETERMINANTES EN EL SINTAGMA NOMINAL

Los determinantes preceden al sustantivo y concretan su significado. Además, concuerdan con el sustantivo al que acompañan en género y número:

*__El__ niño / __La__ niña.*

### *EL ARTÍCULO*

• **Artículo determinado:** *el, la, los, las, lo.* Presenta al sustantivo como algo conocido y concreto:

*Ya viene __el__ niño de ayer.*

• **Artículo indeterminado:** *un, una, unos, unas.* Presenta al sustantivo como algo desconocido e indeterminado:

*Hoy he visto a __un__ niño.*

¡CUIDADO! – Las preposiciones **a** y **de** seguidas del artículo **el** forman los **artículos contractos al** y **del**.

– Los sustantivos femeninos que empiezan por **a-** o **ha-** tónicas van precedidos por el artículo en masculino: ***el** aula; **el** hacha.*

## *LOS ADJETIVOS DETERMINATIVOS*

• **Demostrativos:** Señalan la lejanía o cercanía del sustantivo con respecto al hablante:

*__Esta__ sopa me chifla.*

| Masculino singular | Femenino singular | Masculino plural | Femenino plural | |
|---|---|---|---|---|
| Este | Esta | Estos | Estas | Respecto a un *aquí* |
| Ese | Esa | Esos | Esas | Respecto a un *ahí* |
| Aquel | Aquella | Aquellos | Aquellas | Respecto a un *allí* |

• **Posesivos:** Indican quién es el poseedor de lo designado por el sustantivo:

*Son __mis__ pasteles.*

| Personas | | Formas tónicas | Formas átonas |
|---|---|---|---|
| 1ª | Un poseedor | Mío, mía, mío, mías | Mi, mis |
| | Varios poseedores | Nuestro, nuestra, nuestros, nuestras | |
| 2ª | Un poseedor | Tuyo, tuya, tuyos, tuyas | Tu, tus |
| | Varios poseedores | Vuestro, vuestra, vuestros, vuestras | |
| 3ª | Uno o varios poseedores | Suyo, suya, suyos, suyas | Su, sus |

- **Indefinidos:** Indican una cantidad de forma imprecisa:

  ***Ningún** buñuelo desaparece.*

  Mucho/a/os/as, ningún/a/os/as, otro/a/os/as, poco/a/os/as, tanto/a/os/as, varios/as, demasiado/a/os/as, cualquier/a, cada, tal, bastante; ...

- **Numerales:** Indican una cantidad de forma precisa:

  – **cardinales:** *un, dos, tres, cuatro, cinco, ...*

  – **ordinales**: *primero, segundo, tercero, ...*

- **Interrogativos y exclamativos:** Se utilizan para preguntar y exclamar: *¡**Qué** delicia!*

  *Qué, cuál/es, cuánto/a/os/as.*

## *NÚCLEO DEL SINTAGMA NOMINAL: ADJETIVO CALIFICATIVO E INFINITIVO SUSTANTIVADOS*

A veces, el núcleo de un sintagma nominal está representado por un **adjetivo calificativo** o un **infinitivo**. Para que este tipo de palabras puedan funcionar como un nombre tienen que estar precedidas casi siempre por un **determinante**. Nos encontramos entonces con palabras **sustantivadas:**

***El rojo** es un color precioso.*

***El saber** no ocupa lugar.*

## V

Cuando Irene entró en el compartimento nuclear y vio lo que tanto había asustado a su amiga, no pudo evitar hacer exactamente igual que ella: chillar como una descosida. Es más, las dos se miraron y, como si estuviesen representando un papel convenido, gritaron al mismo tiempo, con idéntica intensidad.

Unas sombras de tamaño considerable se proyectaban en el suelo alcanzando los zapatos de las jóvenes. Sólo esas sombras hubieran bastado para aterrorizar a las chicas, por lo que uno se puede formar una idea aproximada de lo horripilantes que podían llegar a ser los seres que las reflejaban. Sus antenas se desplazaban de un lado a otro husmeando el miedo de nuestras protagonistas. Antenas largas y curvas, con dos faros luminosos en sus extremidades. Los cuerpos que las soportaban permanecían inmóviles, expectantes. Eran insectos gigantescos parecidos a las cucarachas, negros unos, marrones los más y alguno que otro rojizo, como salido de la lava de un volcán. Todos ellos se aguantaban sobre ocho patas peludas que les hubieran permitido desplazarse con mucha rapidez si hubiesen pretendido huir. Pero no huían. Sus cabezas formaban triángulos desafiantes que invitaban a Irene y María a dar media vuelta y salir por donde habían entrado. Tampoco ellas huían. Pero por motivos muy diferentes, seguramente. Estaban clavadas en el suelo; apenas un movimiento leve, provocado por su temblor, las movía del sitio, y el martillo que las había atravesado se llamaba pánico.

Los ojos de Irene enfocaban de forma intermitente los insectos y la palanca de emergencia que se encontraba a un metro escaso de ellas. ¿Cómo llegar hasta allí? Se sentía incapaz de desplazar un solo gramo de su cuerpo ya que temía la reacción de aquellas cucarachas voladoras. ¡Porque tenían alas! Acababa de ver cómo una de ellas las izaba para avivarlas o para alzar el vuelo. ¿Por qué nadie del otro vagón había acudido en su ayuda? Y la pregunta terminaba de doblegar su resistencia. Abstracto, Determinado, adjetivos... ¿acaso no habían oído también ellos la llamada de auxilio de María? ¿No las habían oído gritar como dos posesas? ¿A qué esperaban entonces?

—María... ¿ves esa palanca a tu derecha? —A Irene le temblaba la voz. Los ojos de María se desplazaron oblicuos hacia el lugar que señalaba la otra. Pero su cabeza no se había movido ni un milímetro.— El interventor me dijo que la usáramos en caso de necesidad.

María no respondió.

—Tu estás más cerca... Intenta aproximarte a ella... —el tono de Irene era de súplica— ...por favor.

María tampoco respondió esta vez. De nuevo sus ojos viraron de rumbo y, de reojo, parecieron implorarle a Irene que no le pidiese un acto heroico de tal magnitud.

Las cucarachas se habían amontonado al fondo del compartimento cuando María había irrumpido en él, un momento antes. En realidad, el susto había repartido sus números a las unas y a la otra. Pero eso no lo sabían las muchachas.

María se separó unos centímetros de su compañera. Las cucarachas detectaron el movimiento, porque sus antenas reaccionaron a la vez y giraron también ellas unos centímetros hacia el lado de la joven.

—Eso es, acércate lentamente. —Irene hablaba entre dientes, temerosa incluso de que le pudieran oír las bestias.— Sé que no es fácil, pero haz como si no estuvieran...

De nuevo miró María a Irene como suplicándole otra ayuda que esas frases de ánimo barato. Y seguía sin responderle palabra alguna. Irene pensó (parecía increíble que el terror le permitiera pensar en semejantes cosas) que María estaba bloqueada por el miedo y que por ese motivo no emitía sonido alguno. Esta vez no parecía conveniente criticar la cobardía de su amiga. Ni el más valiente hubiera podido encarar a las figuras que tenían enfrente.

Dio un paso horizontal. Medio metro y la palanca sería de María. Irene la controlaba al tiempo que notaba cómo las cucarachas erizaban sus antenas. Sabían perfectamente lo que pretendía hacer María, por eso reflejaban en su expresión animal un gesto de contrariedad. Todas reaccionaban igual, como un batallón adiestrado. No se atisbaba ningún líder, aunque parecía imposible que no se encontrara entre ellas un cabecilla.

Fue en mitad de tales observaciones cuando detectó una presencia cerca de ella, en el mismo lugar en que Sustancio Pidedieta solía asentarse, oculto tras su cortina antiadjetivos.

Esta vez la cortina debía de ocultar a otro ser, porque Irene había notado que se movía imperceptiblemente, como si el aire la hubiera balanceado... Sólo que dentro del vagón no soplaba ni una pizca de viento. Ahora tenía tres frentes de los que preocuparse: a su derecha, María estaba a un suspiro de alcanzar la palanca salvadora; delante de ella, los insectos aguardaban expectantes; a su izquierda, una presencia de la que ignoraba absolutamente todo se removía fantasmagóricamente.

«Me voy a desmayar —pensó—, no aguanto más.»

María había conseguido por fin plantarse al lado de la palanca. Alzó con extremada precaución el brazo, sin quitar ojo de esas pesadillas oscuras. Cuando estaba a un milímetro del artilugio e iba a palparlo para tirar de él hacia abajo, una voz ronca, imperativa, la paralizó de nuevo:

—Eh, tú, si tocas eso te hago papilla.

Jóvenes e insectos ladearon automáticamente la cabeza. De la cortina surgió un ser que les recordó al mismísimo Sustancio. No se parecía en nada a él, pero había adquirido sus mismos ademanes, la misma arrogancia y hasta un tono de voz muy parecido. No llevaba una sombrilla como el nombre propio, pero sí un bastón coronado por un saliente en forma de dedo. Cuando se había dirigido a María, la había señalado con el garrote amenazador. Volvió a levantarlo enfocándolo esta vez en dirección a Irene:

—Tú, acércate a tu amiga, coge algo para atar y amordázala.

María e Irene se miraron angustiadas.

—¿Qué vais a hacer con nosotras? —Irene empezaba a dominar el miedo. Al menos se enfrentaba con alguien que hablaba, no como esas bestias mudas. Sin embargo, se vio muy pronto vencida nuevamente por el temor cuando oyó unos sonidos articulados salir de las fauces de una de las cucarachas.

—Eso, Personal, ¿qué haremos con ellas? —El insecto, más distendido, se acercó en un abrir y cerrar de ojos hasta donde se encontraban las muchachas.

María no dio tiempo de responder al del bastón. Ante la proximidad de la cucaracha, venció el asco al miedo y de un manotazo brusco accionó la palanca de emergencia. El tren frenó con tal ímpetu que cucarachas, jóvenes y bastón chocaron unos con otros entre gritos, chichones y lamentos. Desapareció la luz para que la noche se incrustara entre ellos. Un reflejo rojizo les guiñó un ojo desde la bombilla de emergencia.

Hasta que la tranquilidad se asomara de nuevo por el compartimento, pasaron unos minutos de lucha a ciegas. No tardó la oscuridad en desaparecer cuando la voz de Regladoiro iluminó los rostros de los viajeros:

—¡No me lo creo! ¡Vosotras teníais que ser, cucarachas inmundas!

Las cucarachas se agolparon en un rincón del compartimento, abrazadas unas a otras como antes lo hicieran Irene y María.

—Y cómo no, Personal no podía faltar a la fiesta, manejándoos a su antojo...

Las dos chicas se levantaron del suelo, el pelo y la ropa desencajados. El del bastón buscaba su palo como un ciego su lazarillo. Por fin lo encontró y ya más seguro se encaró con el interventor:

—Regla de Oro, tú sabes que nuestra función consiste en alojarnos aquí a la menor oportunidad. —Su dedo de madera señalaba con insistencia hacia el interventor. Éste lo apartó de un manotazo:

—¡Yo no sé nada de nada! Esas no son mis reglas. Vosotros tenéis un horario fijo para venir aquí y a otros lugares. ¡Pero como sois unos usurpadores aprovecháis cualquier descuido para asomar la jeta!

María e Irene estaban impresionadas ante la actitud severa de Regladoiro. No comprendían nada, pero estaban seguras de que el interventor se había enfadado mucho por el modo tan brusco en que se había detenido el tren.

—¿Os parece éste un modo bonito de recibir a nuestras invitadas? Esperad un momento, ahora os voy a dar vuestro merecido... —se dirigió hacia uno de los cajones que sujetaban el peso de los estantes.

Las cucarachas se miraron unas a otras con los ojos desorbitados. Ante los movimientos enérgicos y decididos del interventor, empezaron al unísono a implorarle:

—¡No, por favor, no nos lances los polvos! ¡No!

Regladoiro había extraído de uno de los cajones un tubo cilíndrico semejante a muchos insecticidas. Lo destapó primero, luego lo agitó con calculada serenidad, finalmente lo encaró hacia los animalitos, que temblaban como gallinas cluecas. Cuando empezó a rociarlas, intentaron huir desesperadas hacia todos los lados, pero de nada les sirvió. Después de unos minutos de toses, sofocos y mutaciones de color, las que antes eran cucarachas dejaron paso a unos cuerpos desnudos de buñuelo. Tenían exactamente los mismos rostros que los determinantes.

—¿Cómo puede ser? —Irene se quedó consternada.— Es imposible que os encontréis aquí, si hace un rato estabais... —Antes de finalizar la frase salió disparada en dirección al compartimento de los determinantes, llena de dudas por todos lados.

Nada más llegar a la cocina, descubrió un desorden de platos, cucharas, cacerolas y comida desperdigados por doquier. El frenazo del tren también los había afectado a ellos. Comprobó enseguida angustiada que los determinantes se encontraban allí, con sus formas, ropas y expresiones propias. La miraron interrogantes, pero antes de que ninguno de ellos pudiera emitir cualquier sonido, salió en estampida y regresó al compartimento nuclear... y allí estaban también los mismos determinantes, cubriéndose las vergüenzas con ambas manos y temblando de frío.

—¿Cómo puede ser? —volvió a preguntar, echándose las manos a la cabeza.

—No son determinantes, Irene —la calmó Regladoiro—, sino pronombres.

—¿Pronombres?

—Sí, joven. Ahí tienes a Demostrativo, Numeral, Interrogativo...

—Y yo —atajó el del bastón, señalándose con el dedo de madera—, Personal.

—Efectivamente, al mismísimo Pronombre Personal, cabecilla de toda esta banda de ladrones de espacio, usurpadores de lugares ajenos y...

—¿Por qué no nos llamas sustitutos, que es lo que somos, y te ahorras los discursos? —A las jóvenes les extrañó el tono arrogante de Personal con respecto al interventor. Hasta ese momento nadie había osado encararse a él; al contrario, el respeto y las actitudes sumisas rozaban la devoción.

—Cuando os lo merezcáis de veras, os llamaré sustitutos y núcleos de este vagón... pero mientras tengáis que ocultaros y disfrazaros para ocupar los espacios que dejan los sustantivos os nombraré ladrones y usurpadores.

Uno de los buñuelos se atrevió a meter baza:

—Somos simples *okupas*...

—¡Dejaos de chorradas!

Irene no se atrevía a interrumpir la discusión, pero se moría de ganas de pedir explicaciones. Se volvió hacia María y en voz baja le susurró:

—¿Tú entiendes algo?

La otra la miró con ojos de niña pequeña. Alguna cosa parecía querer decirle, pero su boca permanecía muda. A Irene le vino de golpe a la cabeza la imagen de la María antes del gran susto y pensó que la impresión sufrida por su compañera debería de haber bastado para regresarla a la realidad. Por eso quiso saber:

—Ya estás bien, ¿no es cierto?

Los mismos ojos lastimeros contestaron por María.

—Oye, ¿no dices nada? María... —empezó a tirarle de la camisa—. Dime algo, ¡háblame!

Hasta ese momento, Regladoiro y Personal habían continuado con su batalla particular, pero ante la alarma de la joven enmudecieron.

—¿Por qué no hablas? ¿Qué te pasa?

El supervisor puso una mano sobre el hombro de Irene:

—Espera, déjame a mí. —Colocó a María en el asiento de Sustancio, le abrió los ojos, la boca, las fosas nasales, como si buscase algún objeto perdido; le introdujo un termómetro minúsculo en la boca durante un segundo tan sólo, giró su cabeza de lado a lado y de delante hacia atrás; le tomó el pulso, abofeteó suavemente sus mejillas, le hizo sacar la lengua y examinó uno por uno los dientes de la muchacha. Una vez terminado el reconocimiento, sentenció:— habrá que hacerle recuperar el habla. Tiene suerte de encontrarse en este tren. Anda, Personal, haz algo útil y lleva a nuestra invitada al Salón Terapéutico. No te preocupes, Irene, dentro de unos minutos estará como nueva.

Cuando María y Personal abandonaron el departamento, Irene pudo por fin pedirle explicaciones a Regladoiro:

—No comprendo nada, ¿por qué todas las palabras del vagón quieren estar en este compartimento nuclear?

—Porque se sienten más importantes, más distinguidas. Algunas pueden hacerlo, otras no. Los pronombres tienen derecho a ocupar este compartimento, siempre y cuando sustituyan a algún nombre. Ellos saben cuándo les toca disfrutar de las comodidades de este lugar. Cada cierto tiempo, todos los habitantes del vagón, los determinantes, los sustantivos, los adjetivos, lo desalojan; en su lugar disfrutan de todo el espacio los pronombres.

—Claro —lo interrumpió Irene—, en vez de decir ***María** está muda* puedo sustituir *María* por un pronombre personal: ***Ella** está muda*.

—Y cualquier otro pronombre cumplirá idéntica función. Mira: en *Esta cucaracha grande me da miedo*, *cucaracha* es un nombre precedido de un determinante *esta* y seguido por un adjetivo *grande*. En la oración, puedes encontrar representado todo el vagón Sintagma Nominal *(Esta cucaracha grande)* con sus tres tipos de pasajeros más habituales. Cuando el pronombre demostrativo sustituye al nombre, decimos: *Ésta me da miedo*. ¿Ves cómo en este caso el pronombre dispone de todo el vagón para él solito? Pero se instala en el compartimento nuclear, porque es donde tiene el cuartel general el sustantivo.

Irene pensó en lo que realmente la había asustado:

—Todo eso está claro, pero no entiendo por qué éstos —y señaló a los buñuelos que seguían la conversación con la cabeza agachada y tiritando de frío— eran antes cucarachas.

—No, no eran cucarachas. Tomaban la forma de cucarachas. Como has podido comprobar por tus propios ojos, los determinantes de la cocina y los pronombres tienen la misma forma, son buñuelos casi gemelos. Lo que los diferencia es su función distinta en el tren: unos, los determinantes, son cocineros, necesitan aparecer siempre, y subrayo siempre, junto al nombre al que alimentan. Mira el ejemplo anterior: en *Esta cucaracha grande* sabemos que *Esta* es un determinante porque precede a un sustantivo; en cambio, en *Ésta me da miedo* sabemos que se trata de un pronombre porque no aparece junto a un sustantivo. Lo que ocurre es que los pronombres no saben esperar su turno para ocupar el compartimento nuclear y se transforman en cucarachas para pasar desapercibidas ante el sistema de alarma.

—¿Desapercibidas? —A Irene le hizo gracia.— Si llama «pasar desapercibidas» a unas cucarachas gigantes con un aspecto terrorífico...

—Te equivocas. El sistema de alarma sólo distingue formas. Me avisa cuando algo extraño, anormal, pasa en el tren. Si los pronombres no se convirtieran en esos bichos engorrosos, serían confundidos con los determinantes y sonaría la alarma.

—Porque un determinante no puede ocupar jamás el compartimento nuclear —lo interrumpió Irene.

—Efectivamente.

En ese momento entraron María y Personal. La joven mostraba un semblante completamente renovado. Se dirigió a Irene y le propinó un abrazo sincero:

—¡Qué mal lo he pasado, Irene!

—Ya lo sé, María. Lo importante es que estés bien.

Aprovechando esa atmósfera distendida que se había colado en la estancia, Personal carraspeó:

—Ejem... nosotros nos vamos. No quisiéramos estorbar. Supongo que las dos jóvenes tendrán mucho que contarse...

—Te crees muy listo, Personal. —Regladoiro sacó su bloc de notas y empezó a apuntar en él.— Vosotros no os movéis de aquí hasta que yo lo mande. Por lo pronto, como castigo ante vuestro comportamiento, permaneceréis en el vagón nuclear durante la celebración del gran partido del Tiempo.

—¿Cómo? —a los buñuelos se les cayó el alma a los pies—. ¡Pero si desde aquí no se ve nada bien el campo!

—Os lo habéis buscado. ¿No ocupáis clandestinamente este vagón? Pues ese día lo podréis disfrutar a vuestras anchas, os aseguro que nadie vendrá a molestaros.

—Pero —Personal se mostraba realmente triste— ese partido es el acontecimiento del año... ¡No nos puedes hacer esto!

—Si midieras más tus palabras y no fueras tan engreído y orgulloso, os rebajaría el castigo, pero como osas contestarme y medirte conmigo, asume las consecuencias. No quiero oíros más. Fuera de mi vista, rápido.

Los pronombres salieron lentamente, como almas en pena, uno detrás de otro, en procesión resignada.

Irene se apiadó de ellos:

—Yo no sé si ese partido es importante o no, pero parecían muy afectados. ¿De verdad los va a castigar de esa forma?

—Y tanto —respondió el interventor—. No merecen ni siquiera que perdamos el tiempo hablando ahora de ellos. En realidad, el verdadero culpable es Personal, que incita a los demás a seguirlo. No me extrañaría que algún día pretenda ocupar mi puesto.

—¿Por qué se diferencia de los demás pronombres? —María ya no empleaba un tono arisco con el revisor. Sabía que gracias a él había recuperado el habla. Además, su intervención había hecho desaparecer del mapa esas horribles cucarachas.

—Porque no existe ningún determinante personal al que parecerse. Él se cree algo, pero ignora que no es nada por sí mismo.

—¿Qué quiere usted decir? —se interesó Irene.

—Igual que los determinantes no son nada sin los

sustantivos, los pronombres tampoco significan nada a menos que sepamos a qué o a quién se refieren. Compáralos con el sustantivo o con el adjetivo. A cualquiera de los dos podrías encontrarle sentido tomándolos de forma aislada. ¿Qué son *azul* y *mesa?*

—Un color y un mueble —respondió precipitadamente María.

—¿Y *nosotros?*

—Pues... nosotros tres —volvió a hablar María.

—No, no, olvídate de los que estamos aquí. Pensad en la palabra sin aplicarla a ninguna situación en concreto.

—Nada —afirmó Irene.

—¿Cómo que nada? —protestó María—. *Nosotros* somos el interventor, tú y yo. ¡Faltaría más! A mí no me confundas a estas alturas...

—Bueno, bueno —terció Regladoiro que también empezaba a tomar cariño a María—, no estás equivocada, lo único que pasa es que no puedes concebir *nosotros*, la palabra, sin aquello a lo que se refiere, en este caso, nosotros tres.

—Pues eso.

—«Eso» no es ni más ni menos que el contexto, amigas. Pero no quiero marearos con tantas explicaciones. —Consultó su reloj, desplegó un mapa de pequeñas dimensiones y, tras echarle una rápida ojeada, concluyó:— hemos perdido muchos minutos. A estas alturas ya deberíamos estar llegando al gran estadio Esférico-temporal. Para que podáis presenciar el partido desde un lugar privilegiado, sería conveniente que abandonarais este vagón. Además, aquí ya no os queda nada por ver. Aprovechemos que el tren está detenido y salgamos. —Dio media vuelta y se dirigió hacia la puerta de salida. Pero antes de atravesarla se giró:— Eh, María, no te olvides de coger las reglas de piedra de la estantería. No te confundas, las tuyas son unas doradas que he encargado hacer sólo para ti, para que no te olvides nunca de esta experiencia tan amarga que has vivido.

Las reglas de oro de María brillaban con tanta pasión que la joven tuvo que cerrar los ojos para no cegarse. Cuando se hubo habituado a la intensidad del metal, deslizó sus dedos por la superficie de las letras, guiada por una sensación extraña. Algo, no sabía bien el qué ni el cómo, había removido los cimientos de su vida:

# NÚCLEO DEL SINTAGMA NOMINAL: EL PRONOMBRE

Los pronombres carecen de significado léxico, pero lo adquieren en el contexto.

A diferencia de las palabras léxicas (sustantivo, adjetivo, verbo y adverbio) que significan por sí mismas, el pronombre depende del contexto para expresar uno u otro significado.

A diferencia de los determinantes, que acompañan siempre a un nombre, los pronombres van en lugar del nombre, por lo tanto, desempeñan sus mismas funciones.

## *LOS PRONOMBRES PERSONALES*

Señalan las personas que intervienen en la comunicación:

1ª **persona: yo, nosotros, nosotras**, mí, me, conmigo, nos

2ª **persona: tú, vosotros, vosotras**, ti, te, contigo, os, **usted, ustedes**

3ª **persona: él, ella, ello, ellos, ellas**, le, lo, la, los, les, se, sí, consigo

*__Yo__ quiero ver el partido.*

*__Ustedes__ no pueden hablar.*

*María e Irene __le__ dieron un susto.*

Los pronombres en negrita funcionan como núcleo de un sintagma nominal sujeto, mientras que los otros son núcleo de un sintagma nominal en función de complemento (nos los encontraremos más adelante).

## *LOS PRONOMBRES DEMOSTRATIVOS*

Presentan las mismas formas que los determinantes demostrativos, salvo **eso, esto, aquello,** que sólo funcionan como pronombres.

*__Eso__ me da mucho miedo.*

## *LOS PRONOMBRES POSESIVOS*

*__El mío__ es mejor que cualquier otro.*
*__La vuestra__ me gusta mucho.*

| | **1ª persona** | | **2ª persona** | | **3ª persona** | |
|---|---|---|---|---|---|---|
| | **Masc.** | **Fem.** | **Masc.** | **Fem.** | **Masc.** | **Fem.** |
| *Sing.* | Mío | Mía | Tuyo | Tuya | Suyo | Suya |
| *Plur.* | Míos | Mías | Tuyos | Tuyas | Suyos | Suyas |
| *Sing.* | Nuestro | Nuestra | Vuestro | Vuestra | Suyo | Suya |
| *Plur.* | Nuestros | Nuestras | Vuestros | Vuestras | Suyos | Suyas |

## *LOS PRONOMBRES INDEFINIDOS*

Muchos de los determinantes indefinidos pueden actuar como pronombres. Hay cuatro específicamente pronominales: **alguien, nadie, algo, nada**.

*__Nadie__ ha hablado en el compartimento.*

## *LOS PRONOMBRES NUMERALES*

Son los mismos que los determinantes.

*Las cucarachas no se movían. __Cuatro__ esperaban. __Una__ alzó las alas.*

## *LOS PRONOMBRES INTERROGATIVOS Y EXCLAMATIVOS*

Se dan en las oraciones interrogativas y exclamativas, respectivamente.

*¿__Qué__ buscas?*

*¡__Cuánto__ ha sufrido!*

## *LOS PRONOMBRES RELATIVOS*

Se refieren a un sustantivo que aparece en otra oración. Son **que, quien, el cual, la cual, los cuales...**

*Las cucarachas __que__ vimos daban miedo.*

## VI

—Irene...

—¿Sí?

—Creo que me he pasado contigo hace un rato, en la cocina...

—Olvídalo, María; no controlabas lo que decías.

Se dirigían hacia el vagón doble que tanto las había impresionado al verlo la primera vez. Aunque unos metros separaban un vagón de otro, se encontraban dentro del perímetro de influencia del tiempo, y éste distorsionaba de forma caprichosa la noción que de él solían tener los humanos.

—Irene...

—¿Qué?

—Nunca he podido soportar las cucarachas. No hay bicho que me dé más asco que ellas.

—A mí tampoco me gustan.

—En serio, creía que me iba a morir. ¿Sabes? Cuando era pequeña estuve a punto de tragarme una. Bueno, si me la hubiese tragado a lo mejor ni me habría dado cuenta; lo peor es que le pegué un bocado. Estaba dentro de una magdalena. Yo no las mojaba nunca en la leche, ni las partía por la mitad, ni les arrancaba la joroba, ¡qué va!, me metía un buen trozo en la boca... hasta el día en que la sentí crujir entre los dientes. En mi vida lo he pasado peor, de verdad. No sé cuántas veces me cepillé después. Desde entonces no he vuelto a probar una sola magdalena.

—¿Y qué hacía allí dentro?

—Eso mismo me pregunté yo. Al principio me volví loca pensando en cómo se habría colado. ¡Qué tonta! Luego comprendí, o me hicieron comprender, que se habría mezclado entre la masa en el momento en que el panadero confeccionaba las magdalenas. Ahora me cuesta comer algo sin mirar detenidamente su contenido.

—Pues no parece que te hayas fijado mucho en el contenido de los platos determinantes.

—Ya... —María agachó la cabeza. De repente, como impulsada por un resorte, la levantó llena de curiosidad.— Oye, ¿a ti te gusta Héctor, verdad?

Irene se quedó de piedra. Pero una piedra roja de vergüenza. ¿Por qué le preguntaba eso María? Nunca había hablado con nadie de sus sentimientos, y menos con ella. Las pocas palabras que solían pronunciar cuando regresaban a casa o acudían al colegio se limitaban a abordar temas de clase, deberes o exámenes, pero de chicos jamás habían comentado nada. No pudo evitar tener una reacción orgullosa, no exenta de torpor:

—¡Tú estás loca! ¿A qué viene eso?

—Venga, no te hagas la disimulada, que lo piensa todo el mundo.

—¿Sí? ¿Y quién es todo el mundo, si puede saberse?

—Todo el mundo es todo el mundo, Irene. Parece que naciste ayer. ¿Tú te crees que nos chupamos el dedo? A ver quién está ciego para no ver la cara de boba que se te pone cuando estás con él. Si hasta los ojitos te brillan como si te los hubieras lavado con detergente.

—Mira, metomentodo, ocúpate de tus cosas y déjame en paz, ¿vale?

Un silencio embarazoso llegó con la brisa que golpeaba sus caras. Irene se sentía un payaso al lado de María. ¿Realmente toda la clase pensaba eso? ¿Y ella, sentía acaso algo por Héctor y no se había dado cuenta? En su diario solía nombrarlo continuamente, como un amigo especial, el mejor... Pero claro, era el único que tenía. Le irritaba haber sido la comidilla de sus compañeros, más todavía que se hubiesen burlado de ella por tal motivo. Impulsada por esa rabia contenida, quiso devolverle la pelota a María:

—Anda que tú, te derrites por Jonathan. —Irene se acordaba de haberlos visto el día anterior perseguirse entre risas por el patio. Siempre se gastaban bromas, en clase les llamaban la atención por mandarse aviones cargados de chismes o por quitarse los bolígrafos y las hojas. Pero, a decir verdad, semejante comportamiento era habitual en María con cualquiera de su grupo. En realidad no tenía ni idea de quién le pudiera gustar a María, ni si le gustaba alguien.

—¿Jonathan? —una carcajada escapó viva de la boca de María— ¿Con ese mechón que le cuelga en la cara? Si tiene la letra torcida y cuando lee parece que rebuzne. ¿Estás de guasa, no? Mira, si me prometes que no se lo dirás a nadie, te digo quién me gusta de verdad.

Al oír las últimas palabras que había pronunciado su compañera, a Irene le entró en el cuerpo una sensación nueva. No sabía hacia dónde mirar, qué responder, cómo portarse, pero notaba que ese momento era muy importante para ella. María confesándole un secreto, María confiando en ella, María convirtiéndose en su amiga, ¡lo nunca visto!

—Te lo prometo.

La cabeza del interventor desde lo alto del vagón al que se dirigían las jóvenes interrumpió la confesión:

—¡Os habéis dejado atrapar por el tiempo! Hace diez minutos que he subido y todavía estáis en el mismo sitio.

Las dos miraron hacia atrás y se dieron cuenta de que la puerta del vagón Sintagma Nominal Sujeto se encontraba a menos de un metro de ellas. ¡Apenas habían avanzado nada! Y sin embargo, no habían dejado de caminar ni un solo segundo.

—¿Cómo salimos de aquí? —vociferó María.

—Dejad de hablar y concentraos en lo que estáis haciendo, nada más.

Así lo hicieron. En menos de un minuto habían alcanzado al interventor y se encontraban dentro del vagón Sintagma Verbal Predicado. El tren lanzó un rugido y se puso en movimiento. Delante de ellas se alzaba una escalera que conducía al segundo piso.

—¿Subimos? —propuso Irene.

—Os aconsejo que visitéis primero el compartimento de abajo. Cuando tengamos a tiro el estadio os avisaré y podréis subir para presenciar el partido. Ahora os dejo, voy a ver cómo están los jugadores —y desapareció por las escaleras con la rapidez de un lince.

Antes de entrar en el compartimento, Irene detuvo a María:

—¿Me contarás tu secreto?

—Claro que sí. —La miró con ojos juguetones. Quién sabe qué se ocultaba detrás de ellos.

Al cruzar la puerta del compartimento, reconocieron la voz que les anunciaba: *Bienvenidos a la planta Predicado Nominal. Se encuentran en la Sala de los Espejos. No se dejen engañar por la imagen.*

Las dos se miraron extrañadas y sonrieron sin motivo aparente. La sala en la que se hallaban estaba completamente vacía. Cuadrada y sola. Una sensación de letargo cruzaba de una esquina a otra; las jóvenes lo respiraron como si fuera un ambientador plomizo. La luz era de tarde crepuscular, entre granate y malva, hora de sueño y cansancio, de silencio aburrido. El tiempo parecía estar parado y a Irene le recordó las tardes interminables que siguieron al día en que su madre recibió la carta de su marido. Tardes de miradas perdidas hacia nada, de trozos de sol atrapados en un rincón, de estudio dormido sobre la mesa camilla, interrumpido sólo por el traqueteo de la máquina de coser, enérgico y duro, como los sentimientos que todos debían de albergar en aquel momento.

Las cuatro paredes estaban cubiertas de cabo a rabo por otros tantos espejos, enormes y completamente diferentes unos de otros. Cuando se atrevieron a dar un paso, notaron las dos que les costaba mucho desplazar el cuerpo. Los miembros les pesaban tanto como los párpados. Emprendieron una lucha enérgica por no dejarlos caer hasta que descubrieron algo alucinante que las obligó a levantarlos totalmente y observar con mil ojos cuanto allí sucedía. Al dirigir la mirada hacia una de las paredes, desaparecían las demás, de modo que los reflejos de los distintos espejos no se cruzaban nunca entre sí.

Irene avanzó pesadamente hacia la enorme luna que tenía enfrente. María, en cambio, se puso a su lado, dándole la espalda, y se encontró de cara a la puerta del compartimento, que ya no era puerta ni nada porque se confundía con el espejo. Cada una veía la espalda de la otra, pero no la suya propia. Al fondo se perdía un espacio infinito, sin forma ni color apreciable, simplemente infinito.

El cristal de María nada tenía que ver con el de Irene. Al mirarse en él, la primera notó cómo aparecía y desaparecía su imagen, en un baile intermitente que la confundió. La María del espejo preguntó recelosa:

—¿Dónde estamos? —y desapareció para tornar un momento después, con rostro interrogante.

—No lo sé, María —respondió Irene.

—Oye, que yo no he querido decir nada. —Asombrada, María intentó girarse hacia su compañera, pero le fue imposible. El cuello le pesaba tanto que desistió de su intento.

—Estamos en la sala de los verbos copulativos —volvió a decir la del espejo. María se había visto diciendo esas palabras, sin terminar de creérselo. Ella no pensaba lo mismo que emitían sus labios—. Yo, a veces estoy y a veces no. Depende de cómo me encuentre.

Irene, que distinguía claramente la voz de su amiga, se quedó helada al oírle decir esas cosas. Ella sí podía girarse. Cuando lo hizo, el asombro le subió a la cabeza: María había desaparecido. No estaba ya detrás de ella, pero sí aparecía dentro del espejo.

—¿Dónde estás, María? —Su voz tembló. Mucho más todavía cuando se dio cuenta de que enfrente de ella sólo percibía a María, pero no su propio reflejo.

—Estoy aquí. ¿No me ves?

—¿Y qué haces ahí?

—Estar.

Aunque se frotó veinte veces los ojos, la otra permanecía plana en el cristal, con los brazos cruzados y en actitud de espera.

—Si quieres, desaparezco. ¿Ves? Ya no estoy. —Efectivamente, la imagen se borró y en su lugar se reflejó la de una Irene boquiabierta. Presintiendo que su amiga estaría detrás de ella, se giró nuevamente. Pero grande fue su asombro cuando descubrió a mitad de camino, en la pared de su derecha, la imagen de María... ¡vestida con sus propias ropas! Irene se llevó las manos a la cabeza y lo mismo exactamente ejecutó la Irene-María del espejo.

—Parecemos la misma... —dijo entre dientes Irene, como si estuviese sola.

—Yo me parezco a ti —respondió la del espejo. Y se miró de arriba abajo. Idéntica acción realizó Irene—. De hecho no me gusta cómo vas vestida. ¿Nunca te lo he dicho? Llevas siempre unos tonos pastel demasiado cursis. Pareces una Barbie. Sólo te falta el chupete. Si quieres que Héctor se fije en ti, te aconsejo que cambies de atuendos. Algo más agresivo, más actual. —En un abrir y cerrar de ojos, Irene se vio atrapada en el espejo. Enfrente, María le sonreía vestida ya con su ropa habitual. También ella sonreía al mismo tiempo, pero llevaba unos pantalones ajustados a sus piernas que terminaban en campana. En la parte de arriba, una camiseta negra sustituía a su blusa amarilla.

—¡Así vestida me parezco a Jessica!

—Jessi tiene muy buen gusto, ¿no crees? —Las dos se miraron por delante y por detrás con el mismo gesto de extrañamiento.

—¡Quiero parecerme a mí! —El grito la llevó directamente fuera del espejo. O tal vez permaneciera todavía en él, porque la imagen que se reflejaba ahora era la suya, con las ropas de siempre y el mismo ademán.

María, en cambio, se encontraba detrás de ella nuevamente. Podía sentir el roce de su espalda. No quería volverse por temor a perder su contacto. Prefería sentirla a verla desaparecer de nuevo. La oyó comentar:

—Resulto patética frente a mi imagen.

—¿Por qué?

—Ven y verás. —Irene abandonó su reflejo para encontrarse junto al de María.

—Tienes razón, resultamos aburridas...

—... horribles...

—... soporíferas. —Una sensación de melancolía las invadió a las dos. El espejo les devolvía unos rostros envejecidos, sin canas, sin arrugas, sin patas de gallo, pero con una expresión de oscura gravedad, como si toda una vida hubiera pasado por encima de ellas, arrollándolas.

—Ya no resulto divertida...

—Ni yo tampoco. —Irene había pronunciado esas palabras dejándose llevar por el ensueño reinante. María desvió la mirada hacia ella, reprimiéndola:

—Pero si tú no eres divertida.

—¿Ah no? ¿Y qué soy, si puede saberse? —Al decir esto, Irene se había colocado frente a María, de modo que se vio reflejada en el último de los cuatro espejos. Su imagen, sin embargo, aparecía superpuesta a la de una forma opaca que no le quitaba ojo:— ¿Quién eres?

María se había vuelto también hacia el cuadro y acababa de sucumbir a su encantamiento:

—¿Quiénes sois?

La forma fue invadiendo progresivamente el cristal de modo que las jóvenes desaparecieron de él, engullidas por una gran boca que ahora les hablaba con voz de precipicio:

—Somos los verbos copulativos. Yo soy SER, aquel de enfrente es ESTAR, el de mi lado derecho es PARECER, y el último, RESULTAR. ¿Quiénes sois vosotras?

—Creía que en este tren todo el mundo sabía que estábamos aquí —comentó Irene, desconcertada.

—No, hijas, nosotros somos los últimos en enterarnos de todo. ¿Cuántas veces queréis que os lo repitamos?: somos verbos copulativos.

—¿Qué es *copulativo*? —A María le hacía daño en los oídos la aspereza de la palabra.

—*Copular* es juntar una cosa con otra —explicó el espejo—, por eso nosotros sólo servimos de puente entre los del vagón Sintagma Nominal Sujeto y los que conoceréis cuando os dejemos pasar al otro compartimento de esta planta.

—Pero servir de puente de unión es muy importante —protestó Irene—, no sé por qué ello ha de ser motivo para que os tengan relegados.

—¡Ay, eso digo yo! Pero sólo somos un punto de paso hacia el compartimento siguiente.

—Apuesto a que habéis estado en el compartimento nuclear del vagón Sintagma Nominal Sujeto —intervino ESTAR, desde la pared de enfrente.

—Sí —María se entusiasmó—. ¿Conocéis a Concreto y los demás sustantivos?

—¡Si te contara! Estas paredes lo han visto y oído todo. ¿Verdad que allí hay mucho lujo?

—Hombre, lujo lo que se dice lujo... Eso sí, todos se peleaban por estar allí.

—Pues ya veréis el compartimento nuclear de la planta de arriba. Dicen que es lo último. —SER hablaba con tristeza y envidia. Irene lo detectó. Pensó además que el compartimento en el que estaban debía de ser también nuclear. Se preguntó por qué no se enorgullecían de ello los copulativos:

—¿Este es un compartimento nuclear?

—Lo parece —sentenció la pared de la derecha.

—Lo es y no lo es —rectificó SER—. Debería ser tan importante como el de nuestros vecinos de arriba, los verbos predicativos, pero como servimos de mero puente, dicen que estamos vacíos, y todas las comodidades se las lleva el compartimento de al lado, donde sí se queda mucha gente a pernoctar. Bueno, ¿vais a responder a mi pregunta o no? ¿Quiénes sois?

—Yo soy Irene y ella es María. Hemos venido a rescatar a las preposiciones.

—¡Ay, las preposiciones! Tened mucho cuidado, alguno de este tren puede parecer inofensivo...

—... y resultar un bandido. —A PARECER lo había interrumpido RESULTAR. Las jóvenes no dejaban de girarse de un lado a otro, pendientes de cada intervención. Los cuatro rostros eran muy semejantes y ocupaba cada uno una pared.

—¿Sabéis algo vosotros? —a Irene le asaltó la curiosidad.

—Nosotros vemos, oímos y callamos. Pero guardaos de las apariencias...

—Alguien estuvo por aquí y desapareció en la noche... en busca de una preposición que dormía ahí al lado.

—El interventor habló de Tachón y Errata, dos esbirros de Sinsentido... —María se acordaba perfectamente de los nombres, sobre todo del primero, porque ella siempre terminaba alguna clase con la mano inundada de tinta y el bolígrafo sangrando como loco.

—Con ellos estaba un tercero...

—Cállate, ESTAR; ¿quién te dice a ti que éstas no sean lo que parecen?

—Resultan simpáticas, PARECER...

—Sólo son unas adolescentes, démosles al menos una pista...

—De acuerdo —PARECER se mostraba como el más remiso a confiar en ellas—, parece que una palabra de este tren participó en el secuestro de las preposiciones.

—¿Un pasajero del tren? —Irene no comprendía nada.— ¿Es eso posible? ¿Quién era? ¿Qué palabra? ¡Dínoslo, SER; tú puedes decírnoslo, seguro!

A pesar de los gritos de Irene, el espejo permaneció mudo. Como la insistencia de las jóvenes empezó a convertirse en una tentación peligrosa, las paredes mostraron de nuevo sus reflejos, difuminando por completo los rostros, hasta hacerlos desaparecer. Las jóvenes se vieron atrapadas otra vez en las lunas, como juguetes incontrolados. En medio de tantas formas jugando al escondite, se oyó la voz de María, temerosa:

—¡Nunca saldremos de aquí!

Irene, que en ese momento estaba apareciendo y desapareciendo en el espejo de ESTAR, acababa de encontrar la forma de combatir las múltiples imágenes:

—Cierra los ojos, María. No los abras en ningún momento. Verás como te vuelves a encontrar contigo misma. Dentro de ti nadie podrá engañarte.

Caminaron las dos, tanteando los fríos cristales de las paredes. Les costaba avanzar a causa del ambiente pesado que habían sentido nada más introducirse en la sala. Mientras intentaban localizar la puerta del siguiente compartimento, Irene pensó en la causa de tanta pesadez. Como se trataba de verbos copulativos, no manifestaban actividad alguna, ninguna acción ni sucederse de los acontecimientos. Era comprensible que dejaran traslucir esa atmósfera de plomo y sueño que las envolvía. María interrumpió las averiguaciones de su compañera:

—Irene, ahora que tenemos los ojos cerrados, te voy a contar quién me gusta un montón. Sólo lo saben Jessi y La Cañón, mis mejores amigas. Si te lo cuento es...

—No se lo diré a nadie, te lo prometo, María.

—Me da mucha vergüenza... No abras los ojos, ¿eh?

—No te preocupes, por la cuenta que nos trae no los abriré.

—Me gusta tu hermano...

—¿Pedro?

—¿Qué dices? El otro, Ricardo...

—¿Rambo? ¡Pero si tiene diecisiete años!

—Ya...

—¡Y novia!

—Ya...

Irene estuvo a punto de abrir los ojos. ¿Era posible lo que estaba oyendo?

—¿Por eso te sentabas conmigo en el tren del cole? —Un silencio demasiado revelador atravesó la oscuridad y apuntaló sus oídos.— Claro, ahora lo comprendo todo. Ya me extrañaba a mí...

—No te enfades, por favor. Si te lo he contado es...

—¿Que no me enfade? Como mi hermano se sentaba en los bancos de al lado... es verdad, no le quitabas ojo. Eres una cerda. Lo que te habrás reído a mi costa. Y yo ayudándote con los deberes...

—Irene, ¿quieres escucharme?

—¿Qué?

—Lo siento. Te lo he contado porque te estoy conociendo por primera vez. Parece como si fueras otra. O a lo mejor lo soy yo, o... ¿Quieres que seamos amigas?

—¡Bingo! Aquí hay una entrada, María. La puerta se ha abierto. ¿Dónde estás?

—Aquí. Pero no quiero salir. No quiero abrir los ojos. Me da vergüenza...

—Anda, ven, claro que me gustaría que fuésemos amigas. —Irene estaba contenta a pesar de haberse sentido utilizada.— Me tienes que contar qué encuentras en Rambo...

Por fin llegó María al lado de Irene. No abrieron los ojos hasta que estuvieron convencidas de darles la espalda a los espejos. La voz de los altavoces fue la señal que las situó en medio de tanta oscuridad: *Están ustedes abandonando la Sala de los Espejos. Esperamos que su estancia en ella haya sido provechosa. Les recordamos que los folletos informativos sobre esta sala podrán ustedes encontrarlos en el próximo compartimento. Gracias.*

* * *

—Irene, ¿quién crees tú que puede haber ayudado a Sinsentido con lo de las preposiciones?

—No lo sé, María. Pero hay algo que desconoces... Cuando estabas empachada de sopa demostrativa, los buñuelos me contaron que Indeterminado se había ganado la animadversión de sus compañeros de viaje.

—¿Indeterminado?

—Sí. Parece ser que tuvo celos de Determinado, porque

le gustaba A. ¿No es una casualidad que justamente hayan secuestrado a las preposiciones, A incluida?

—Qué quieres que te diga, Indeterminado no me cae mal. Se ocupó de mí como si fuera una reina...

—María, ese buñuelo te utilizó. Quería vengar su rencor a través de ti. Si me han dicho que es un mafioso y que está metido en asuntos turbios...

—No me lo creo. Mira, yo sospecho de ese Personal. Cuando me acompañó a la Sala Terapéutica, no paró ni un solo instante de renegar en contra del interventor. Pobrecita de mí, que no podía despegar los labios y tenía que tragarme sus peroratas. Ya sabes que yo no le tenía especial simpatía a Regladoiro, pero llegó a ponerme de los nervios con sus chismes...

Las puertas del compartimento siguiente se abrieron por fin: *Siguen ustedes en la planta Predicado Nominal. Se encuentran en el compartimento del Atributo. Recuerden que en este compartimento sí está permitido fumar.*

—Hum, dos invitadas, ¡qué sorpresa!; pero pasen, por favor, no se queden ahí.

María e Irene se miraron sobrecogidas por tamaña cordialidad. Delante, sentada cómodamente en su butaca giratoria, se encontraron con una nube, oculta tras un batín de terciopelo y babuchas orientales. Se había estirado lo suficiente como para confundirse con un humano y doblaba una pierna sobre la otra en una actitud reposada digna de un caballero. Sus dedos de humo sostenían una boquilla dorada de la que pendía un puro fino y alargado. De vez en cuando, introducía el artilugio en su boca, de donde nacían minúsculas siluetas de algodón transparente, mucho más claras que el propio ser que las espiraba. Todo en él denotaba gallardía y pulcritud. Irene pensó en Sustancio Pidedieta y sus andares de gallo. ¡Qué ridículos parecían al lado de este caballero nebuloso!

Pero más allá del personaje de la butaca, la sala deslumbraba por su aire aristocrático: los candelabros descubrían velas encendidas y una danza de humo negro que crepitaba a ritmo de melodías árabes; la alfombra sobre la que yacían las babuchas se desdoblaba, cubierta de arriba a abajo por motivos de caza, leones de plata, gamuzas relucientes, perros de bronce con dientes cosidos escrupulosamente; una bandeja sostenía una solitaria taza y una tetera de oro viejo; en fin, hasta las cortinas que se abrazaban al fondo, finas y arrugadas a conciencia, frágiles y etéreas, se confundían con la atmósfera reinante.

A María le vinieron a la cabeza las múltiples nubes adjetivas y aquel compartimento de niebla espesa:

—¿Usted es un adjetivo?

—Criatura, hay categorías y categorías. Yo soy un adjetivo con funciones especiales. No me mezclo con los sustantivos directamente. Esos que se llaman a sí mismos «los K»; pero qué nombre tan ridículo, son pobres tipos que se creen terroríficos, y en el fondo parecen payasos de feria, ¿no creen?

—A nosotras —replicó Irene— nos llegaron a asustar mucho.

—Porque ustedes son, cómo decirlo, asustadizas, están limitadas, poco preparadas para la vida. No sé qué les enseñan en el colegio, pero seguro que nada bueno, por lo que veo. En fin, no se les ocurra llamarme nunca «adjetivo». Soy un atributo, nada más.

El que les había parecido tan cordial al principio, empezaba a incomodar a las jóvenes, en especial a María, cuyo temperamento no digería bien los ataques frontales. Sin embargo fue Irene la que habló, sabedora de que sus palabras podrían escocer a alguien tan pedante:

—No sé por qué critica tanto a los adjetivos si en el fondo tiene que amoldarse al género y al número de los sustantivos como ellos.

Atributo miró de reojo a Irene, con cara de pocos amigos:

—Jovencita, es usted muy irrespetuosa con los desconocidos.

A María le encantó que su amiga conociera la gramática para responder eficazmente a esa nube emperifollada. Por vez primera veía utilidad en las lecciones del profesor Candel. ¡Lástima que ella no las hubiera aprendido, de lo contrario, que se preparase! Sin embargo, sí podía seguirle el juego a Irene. Aquello la divertía:

—Cuéntame, ¿por qué tiene que amoldarse al sustantivo? —le guiñó un ojo a su compañera.

Irene comprendió las intenciones de María y recogió el testigo sin vacilar:

—Te lo explico: la diferencia entre un adjetivo y un atributo consiste, simplemente, en que el segundo califica al sustantivo a través de un verbo copulativo, mientras que el primero lo hace directamente. ¿Recuerdas lo que pasó en el vagón Sintagma Nominal Sujeto? El humo transformó a

Concreto en una furia. Así, podíamos hablar de un Concreto *enfurecido*. En ese caso, un adjetivo calificativo *(enfurecido)* modificaba directamente al sustantivo. Pero si introducimos un verbo copulativo en medio, nos encontramos con la oración: *Concreto está enfurecido*.

—En realidad —prosiguió María, que había atendido con vivo interés las explicaciones de su compañera—, el adjetivo sigue siendo el mismo...

Atributo estaba cada vez más rabioso, pero su porte distinguido le impedía demostrarlo. Irene continuó con su discurso:

—Por eso decía antes que al fin y al cabo tenía que amoldarse al género y al número del sustantivo. Hablaremos de un *Concreto enfurecido* y de una *Individual enfurecida* del mismo modo que diremos: *Concreto está enfurecido* e *Individual está enfurecida*.

Explotó el humo como un polvorín en llamas. Su aspecto de rancio abolengo cedió el puesto al de una verdulera rabiosa:

—¡En esta cámara se me guarda un poco de respeto, vamos! ¡Habráse visto mayor indecencia! Para que lo sepáis, este es uno de los sitios más acogedores de todo el tren, y gracias a mis pequeños detalles. No es lo mismo servir a un sustantivo en un vagón Sintagma Nominal Sujeto que servirlo desde un vagón Sintagma Verbal Predicado. Recordad que este vagón es el motor del tren, sin él casi nunca se podría construir una oración. ¡Sois unas maleducadas, qué diablos! —El silencio le mostró, como un espejo, el estado de excitación que acababa de alcanzar; por eso recompuso su vestimenta y volvió a adoptar una posición digna.— Piénsenlo, ¿qué palabra, de entre las que han conocido, merece un lugar mejor que éste? Los determinantes están ocupados con sus guerras internas; ese Indeterminado es un tipo de armas tomar, aunque Determinado no es más decoroso. ¿Y los sustantivos? Salvo Sustancio Pidedieta, al que le guardo un viejo cariño, los demás están locos de remate. Concreto y Colectivo son tan monstruosos el uno como el otro, parecen sacaditos de una película de terror. Y de Abstracto guardaos, resulta peligroso con esa facilidad de leer en las mentes de los demás. Yo no lo puedo ver ni en pintura. Y eso que no he nombrado a los pronombres, son repelentes, están podridos por dentro y...

—Perdone —María no aguantaba ni una sola palabra más—, si tan acogedor dice que es este compartimento, ¿por qué se encuentra solo en él?

—Bueno —el tono de voz de Atributo varió sensiblemente—, en realidad no estoy solo... Ahí detrás —señaló hacia las cortinas— se reúnen de vez en cuando otras palabras...

—Que también toman el nombre de Atributo cuando están aquí. —Irene sabía dónde le podía escocer a la masa de humo.— Me pregunto por qué se apostarán detrás de la cortina... ¿Vamos a ver, María?

—No hay nadie ahora. Es inútil que vayan hasta allí para descorrerla. Los que acostumbran a venir son unos inconstantes, unos vagos, unos...

—¿También las preposiciones?

Atributo miró a Irene con extrañeza. Hasta el humo de su puro se enroscó en forma de pregunta:

—¿Las preposiciones? Bueno, sí, esto... ellas eran una excepción en este tren. Estaban siempre alegres, hasta alguna tomaba el té conmigo...

—Seguro que sería CONTRA, por eso de que usted parece estar contra todo el mundo. —María pudo por fin lanzar su dardo; las preposiciones sí las conocía de memoria.

—CONTRA, TRAS, DESDE y alguna más, sí. Pero, ¿se puede saber a cuento de qué vienen las preposiciones?

—Los espejos nos hablaron de la noche del secuestro...

—Esos verbos copulativos son muy chismosos, no hay que hacerles caso. Van provocando con sus fantasías y después al interventor no le dan apoyo alguno en sus investigaciones. Créanse sólo la mitad de lo que dicen.

—Según ellos, esa noche una preposición dormía aquí y vinieron a por ella. —Irene no sabía bien lo que buscaba contándole lo que sabía a Atributo. Tal vez, con lo criticón que era, pudiera darles alguna pista sobre el posible traidor.

—Era TRAS. Se juntó con algunos sustantivos del otro lado de las cortinas. No recuerdo nada más. Llegó el sueño, nos dormimos, y a la mañana siguiente sonó la alarma general.

—¿A este compartimento acuden también los sustantivos? —preguntó María.

—Desde luego —respondió Irene—, y hasta los pronombres. De hecho, hay oraciones en las que no se distingue claramente el sujeto del atributo. Fíjate: *Esa soy yo* se puede convertir en *Yo soy esa* sin que varíe lo más mínimo algún elemento. ¿Dirás que el atributo es *Esa* y el sujeto *yo*? O al contrario, *¿yo* el atributo y *esa* el sujeto?

—Pues no comprendo por qué muchas palabras de clases diferentes pueden ser atributo.

—Muy sencillo, María. —Irene estaba entusiasmada con su nuevo papel de maestra. Atributo, sin embargo, parecía haber caído en una postración delicada tras haber oído hablar de las preposiciones.— Del mismo modo que nos encontramos a los sustantivos en el compartimento de los modificadores, porque completaban al núcleo, nos los encontramos completando a ese mismo núcleo a través de un verbo copulativo. ¿Cuál es si no la diferencia entre *María, una joven enamorada* y *María es una joven enamorada*?

—Oye, menos cachondeo, ¿quieres? —Aunque era difícil sacarle los colores a María, la sombra de un pimiento se paseó por sus mejillas.

—Perdone —Irene se acercó a Atributo haciendo caso omiso de la protesta de su amiga—, ¿se puede saber por qué no hay ahora nadie más aquí?

El que fuera humo de chimenea, alto y orgulloso, se había convertido en humareda de fogata: hecho un ovillo, apenas se le veía en su trono. Tardó unos segundos antes de contestar:

—No vienen mucho. Menos todavía desde que faltan las preposiciones. Alguna vez el interventor les llamó la atención —de repente se irguió, enrabietado—¿y saben ustedes qué cuento se inventaron? ¡Que no soportaban el olor de mis puros! ¡Serán ridículos! De todos modos, a mí ni fu ni fa, como si quieren dejar de funcionar como atributos. Ellos se lo pierden...

María e Irene se miraron. Detrás de tanta bravuconería anidaba seguramente un ser demasiado frágil. «Esa apariencia tan fastuosa es una simple coraza —pensaron los cuatro ojos al unísono—. Sus críticas constantes lo han empujado a una soledad que ya no soporta.» Y lo peor era que uno ya no podía diferenciar la coraza del fondo, como si muchos años de convivencia con el artificio y una imagen prefabricada se hubieran fundido en un abrazo indestructible.

—¿Nos vamos? —María pensó que nada las ataba ya a ese departamento de mentira.

—Nos vamos —contestó Irene. En ese momento se acordaba de la primera impresión que le había proporcionado Atributo, nada más entrar en la sala. Había sido todo amabilidad y buenos gestos, tan feliz de verse de nuevo en compañía. No le extrañó oír a sus espaldas, cuando enfilaban la puerta de salida, la voz sumergida del humo:

—¿Se van ya? ¿No quieren que les invite a una taza de té? Lo preparo a las mil maravillas...

Recogieron sus folletos informativos y al cruzar de nuevo la Sala de los Espejos, María soltó:

—A ese Atributo no le vendría nada mal darse una vuelta por este lugar, a ver si encontraba delante del espejo al ser tan débil que lleva dentro.

—No abras los ojos y sigue adelante.

Una vez al pie de las escaleras, se sentaron a esperar al interventor. Aún tenían tiempo para echarles una ojeada a las tablas de la planta baja:

# EL SINTAGMA VERBAL: PREDICADO NOMINAL (VERBOS COPULATIVOS Y ATRIBUTO)

Del mismo modo que un nombre es núcleo de un sintagma nominal, el **verbo** funciona como **núcleo** del **sintagma verbal.**

Existen dos tipos de verbos: copulativos y predicativos.

Cuando un sintagma verbal consta de un verbo **copulativo**, hablamos de **predicado nominal**.

Los verbos copulativos son: **ser, estar, parecer** y **resultar**, principalmente. Sirven de puente, tienen función sintáctica pero no semántica. Unen el sujeto y el atributo:

*María **está** asustada.*

¡Cuidado!: No siempre **ser** y **estar** funcionan como verbos copulativos. A veces tienen significado léxico pleno y dejan de funcionar como simples nexos de unión:

*María e Irene **están** en la Sala de los Espejos* = (se encuentran).

El complemento de un verbo copulativo se llama **atributo**.

Generalmente, el atributo suele estar constituido por un **adjetivo calificativo**: *María está **asustada***.

Pero también puede ser un **nombre** (*María es **su amiga***), un **pronombre** (*María es **ella***) o un **sintagma preposicional** (*María es **del colegio***).

Existen dos formas de reconocer un atributo:

– Sustituyéndolo por **lo**: *María **lo** está* (asustada).

– Cuando el atributo es un nombre o adjetivo, concuerda en género y número con el sujeto:

*María está delgad**a** / Héctor está delgad**o**.*

## VII

María e Irene no habían acabado todavía de leer sus tablas informativas cuando desapareció la luz. El apagón ocurrió por sorpresa. Al instante de silencio que lo secundó se superpusieron, con gran estruendo, voces y movimiento provenientes de la planta de arriba. Pudieron distinguir por fin algunos de esos gritos que las hicieron ponerse de pie, tanteando con nerviosismo la barandilla de las escaleras:

—¡El esférico! ¡Se lleva el esférico!

—¡Que no escape!

La oscuridad no les dejaba ver nada, pero sí sentir cómo un bulto les golpeaba el cuerpo al pasar, precipitadamente, por el único hueco que quedaba entre ellas. Del impacto, Irene cayó rodando por el suelo y María quedó tendida como una sábana doblada en dos, sobre la barandilla.

Un gentío enloquecido se atropellaba a lo largo de la escalera. Perseguía a voz en grito al que las acababa de golpear:

—¡No se puede ir con el esférico! ¡Sería nuestra ruina!

—¡Corred todo lo que podáis!

La luz regresó justo en el instante en que el último de los perseguidores abandonaba el vagón. Desde sus lugares periféricos, María e Irene pudieron distinguir en lo alto de las escaleras a los tres modelos de la conjugación, aquellas altas torres que conocieran en el vagón-cocina. Oteaban el horizonte y se restregaban las manos con frenesí, llenos de espanto. Cuando las dos miraron por la ventana, vieron a un individuo encapuchado que a todo correr escapaba con un saco a sus espaldas. Aunque llevaba una considerable ventaja con respecto a sus perseguidores, unos relojes velocísimos acortaban cuanto podían esa distancia:

—Los verbos son los únicos que pueden alcanzarlo —sentenció Enhar, juntando las manos sobre su pecho.

—No hay nadie más rápido que ellos en el tren —consideró Enher.

Detrás de los relojes iban quedándose rezagadas otras palabras, voluntariosas pero lentas: distinguieron a Concreto, a Individual, al mismísimo Abstracto, avanzando, con pesadez, entre algunos buñuelos que se sujetaban las carnes oscilantes al tiempo que sacaban una lengua agotada.

—No irá muy lejos —esta vez era Enhir quien suspiraba esperanzado.

—¿Quién es? —preguntó María, sin dejar de apoyar su frente contra el cristal. Los tres modelos repararon en las jóvenes y se miraron perplejos. Después de unos instantes, reaccionó Enher:

—No lo sabemos. Lleva la capucha para que no lo reconozcamos.

De repente, el encapuchado tropezó. Habían sido mayores sus ganas de correr que la fuerza de sus piernas. Rodó un momento por el suelo, pero tuvo suficiente agilidad como para levantarse y seguir hacia delante. Eso sí, no le dio tiempo de recuperar el saco, que había quedado tendido unos metros más allá.

—¡Se le ha caído el esférico! —gritó entusiasmado Enher. Y a continuación exclamó satisfecho Enhar:

—¡Ya no tenemos de qué preocuparnos!

Los relojes más raudos se detuvieron para adueñarse del esférico. Unos segundos suficientes que el ladrón aprovechó para subir a un todo terreno que por lo visto había estado aguardándolo.

—¡Todo estaba preparado!

—Un mísero complot para boicotear el partido del Tiempo...

Mientras las palabras regresaban con el trofeo recuperado, los modelos de la conjugación explicaron a Irene y María la importancia de ese esférico que había estado a punto de desaparecer para siempre. El esférico representaba la pieza principal del juego del Tiempo. Sin él no se hubiera podido realizar el partido del año y los humanos no hubieran sabido verbalizar el tiempo.

—¿No hubiéramos podido hablar del futuro o del pasado?

—No hubierais logrado conjugar ni un verbo ni medio. —Enhar invitó a las jóvenes a que subieran al segundo piso, donde se encontraba su compartimento. Siguió explicando:— cada año los verbos juegan un partido para que vosotras podáis avanzar y retroceder en el tiempo con vuestras palabras. Pero pasad, no os quedéis ahí. Faltan pocos minutos para que dé comienzo la fiesta.

Tampoco esta vez evitaron, al cruzar las puertas, oír la voz de los altoparlantes: *Bienvenidos a la planta Predicado Verbal. Se encuentran en el compartimento de los verbos predicativos. Recuerden que está prohibido fumar. Gracias.*

—Acomodaos —rogó Enhar señalando dos asientos instalados en el centro mismo de la sala, al lado de los tres sillones de respaldo alargado en los que luego se apostarían los modelos.

Cuando los cinco se hubieron instalado, aparecieron Regladoiro y otros dos sujetos que se presentaron a María e Irene como Gerundio y Participio.

—Este año el palco de honor aparece nutrido —indicó satisfecho el revisor—. Todas las formas no personales de los verbos por fin juntas, y además dos invitadas de excepción. Bien, bien, sólo falta que el espectáculo sea convincente.

—¿Por qué habla usted de formas no personales? —se interesó María. Como ante ellos dormía una gran cortina, dio por hecho que todavía tenía tiempo para explicaciones de ese tipo. Y no se equivocó.

—Porque así como los verbos personales se refieren a la primera, segunda o tercera persona *(Como, comes, come),* los no personales carecen de ellas, no indican si es el hablante, el oyente o una tercera persona quien realiza la acción. Y porque además de funcionar como verbos, pueden ocupar los mismos lugares que otras clases de palabras. —Regladoiro estaba encantado de poder transmitir sus reglas de viva voz.

—¿Por eso nos encontramos con Enhar, Enher y Enhir en el compartimento cocina, junto a los sustantivos?

—Efectivamente, Irene. Los tres modelos de la conjugación son infinitivos. Y como comprobasteis en su momento, podían residir en el núcleo del vagón Sintagma Nominal Sujeto. Actuaban como un nombre. Gerundio puede actuar como un adverbio y Participio como un adjetivo. De hecho, este año, Gerundio ha tenido una deferencia para con vosotras y ha accedido a ocupar el palco de honor. Habitualmente, observa el partido desde las gradas, con todos los adverbios...

Las cortinas empezaron a descorrerse con lentitud, al tiempo que una música orquestal sacudía sus tímpanos. Ante el vidrio, Irene y María se quedaron maravilladas. Desde la altura del vagón uno podía contemplar con absoluta nitidez el terreno de juego amplísimo, de un verde intenso, dividido en tres partes iguales. El estadio Esférico-Temporal presentaba una gigantesca cáscara de acero que respaldaba la mitad del recinto. Asomaba suspendida en el aire y parecía que fuera a cubrir por completo el estadio. Media luna que iluminaba el campo con tal fuerza que hasta el día hubiera pasado por oscuro a su lado. Las gradas, cubiertas todas por una masa excitada que silbaba y reía entusiasmada, no rodeaban por completo el césped, más bien permanecían al amparo de la media esfera, como aquellos teatros que los griegos habían utilizado para sus tragedias antiguas. Las jóvenes comprendieron que gracias a esa distribución todo el tren podría asistir al espectáculo sin desplazarse hasta el lugar de los acontecimientos. Descubrieron además que el tren en el que viajaban no era el único espectador móvil: a los lados y detrás, un número considerable de locomotoras seguía con expectación el acontecimiento.

Cuando los jugadores pisaron la hierba, un clamor barrió el cielo. Dos formaciones de nueve miembros se alinearon, en el centro del terreno de juego, levantando los brazos hacia la multitud que lanzaba bandas de papel multicolor. María e Irene reconocieron entre los jugadores algunos de los relojes que poco antes habían recuperado el esférico tan importante. Alineados como estaban, los miembros de un equipo se diferenciaban notablemente de los participantes del otro. Nueve relojes simétricos, con una melena que les cubría la mitad de la nuca contrastaban con otros nueve de formas y colores múltiples: calvos, melenudos, gigantes, enanos, grises, rojos, con barba, afeitados, cejijuntos, dentudos, barrigones y un largo etcétera de posibilidades.

Una voz emergió desde los altavoces del estadio, potente y seductora:

—*Bienvenidos al gran partido del Tiempo* —los vítores ocultaban a medias las palabras del locutor—. *Como todos los años, la fiesta enfrentará a los más fieles representantes del tiempo: los verbos regulares contra los verbos irregulares. Este año todos sabemos que entre nosotros no estarán las animadoras.*

A los gritos frenéticos siguió un silencio estremecedor. María e Irene no terminaban de creerse que todos esos individuos juntos pudieran fabricar un silencio tan hermético.

—*Sin ellas este singular acontecimiento queda huérfano de alegría, color y vitalidad. No nos cabe ninguna duda de que su ausencia es una fatalidad irreparable, pero sigamos su actitud ejemplar y celebremos, con todo nuestro corazón, el ritual que tanto nos une y fortalece. Demos un gran aplauso a la memoria de las preposiciones y dediquémosles el partido.* —El aplauso acompañó los pasos de unas damas que transportaban centenares de flores. Las depositaron a los pies del campo, allá donde se solían agrupar las animadoras: dieciséis ramos alineados, como si de otras tantas jugadoras se trataran, componían un mosaico de luz y sentidos que despertaban las ansias de vida más escondidas.— *Antes de que el árbitro señale el inicio de la contienda, se guardarán dos minutos de silencio en memoria de nuestras queridas amigas.*

Volvió a rugir el estadio.

—En vuestro argot futbolístico —comentó Enhir a María e Irene— se dice que «el estadio se va a caer», ¿no es cierto? Semejante expresión nos convendría perfectamente en esta ocasión.

—¡Qué bien, vamos a presenciar un partido de fútbol! —María se revolvía con animación en su asiento y daba pequeñas palmadas en el hombro de una Irene en cuya expresión se reflejaba la indiferencia más absoluta por acontecimientos de ese tipo.

—¿Un partido de fútbol? —Al interventor le hicieron sonreír las palabras de María.

—Sí, ¿no son eso porterías?

—Criatura, no intentes descubrir más semejanzas que las ocasionales entre uno y otro juego. Las que encuentres habrán sido copiadas por algún humano hace muchos años. Para vuestra información, nuestro juego del Tiempo era ya un adulto bien plantado cuando vuestro fútbol llevaba todavía puestos los pañales. A medida que transcurra el encuentro iréis notando las grandes diferencias entre los dos deportes.

El árbitro mandó a los contendientes que ocuparan sus respectivos lugares. Con el silbato en la boca manoteaba de aquí para allá impartiendo sus órdenes. Dio la señal convenida y los minutos de silencio comenzaron a rodar entre los recuerdos de los que asistían al evento. Salvo en alguna mente en blanco, que siempre la hay, en la mayoría se paseaban como viejas fotografías alguna charla con tal o cual preposición, sus consejos en momentos precisos de tristeza o decaimiento, las fiestas que solían montar con la excusa de cualquier celebración sin importancia o las muchas energías que desplegaban en el campo, animando a los verbos. Alguno tuvo tiempo de repasar la coreografía que las preposiciones habían estado ensayando durante meses para ofrecerla ese mismo día. Por parejas saltaban hacia delante levantando los pompones y coreando sus propios nombres:

A A, ANTE ANTE, BAJO BAJO, CON CON, CONTRA CONTRA, DE DE, DESDE DESDE, EN EN, ENTRE ENTRE, HACIA HACIA, HASTA HASTA, PARA PARA, POR POR, SEGÚN SEGÚN, SIN SIN, SOBRE SOBRE, TRAS TRAS.

Luego, entonaban melodías de ánimo para cada equipo, acompañadas de unos bailes que nadie como ellas sabía realizar con tanto desparpajo. Más de una lágrima rodó por las mejillas, más de una cabeza permaneció agachada, más de una mirada se cerró para cortejar el pasado y sus recuerdos.

Como Irene no atesoraba vivencias pasadas que compartir con las preposiciones, dedicó esos momentos de respeto a observar el terreno de juego. Porque no le gustaba el fútbol, desconocía las reglas de ese deporte, a pesar de haberlas oído una y otra vez en los gritos de sus hermanos. Alguna tarde había presenciado con ellos algún partido, y aparte de ver correr decenas de piernas detrás de una pelota, sólo había descubierto agresividad, golpes, insultos y sillas descuartizadas por el odio del derrotado. Sin embargo, por lo poco que podía conocer sobre el tema, no parecía equivocarse María; el espectáculo que se avecinaba tenía toda la pinta de ser un partido de fútbol: las gradas repletas, los cancerberos bajo sus porterías, los jugadores diseminados por el campo, los banquillos, un árbitro y... el famoso esférico en pleno centro del terreno de juego.

María, por el contrario, amaba el fútbol desde que era pequeña. En más de una ocasión había sido portavoz de sus compañeras, ante la dirección del colegio, para protestar por la discriminación a la que eran sometidas por los chicos, en el patio. Ellos se sentían amos de las porterías y no querían ver ni en pintura a ninguna chica rondar por el terreno. Después de la reprimenda del director, solían dejarlas jugar, pero al poco tiempo parecían olvidarse de los sermones y amenazas y volvían a negarles la oportunidad de divertirse también ellas con el balón.

El árbitro levantó un brazo indicando que los minutos de silencio se habían cumplido. Dio comienzo el partido entre el regocijo general.

—*Se ha puesto por fin el esférico en juego, palabras y vocablos. CANTAS se acerca a la portería de los irregulares, pasa el balón a VIVIRÉ que se dispone a chutar, pero DAREMOS se lo arrebata con un golpe de bastón...*

María se dio cuenta enseguida de que Regladoiro no faltaba a la verdad: contó los individuos que se desperdigaban sobre el césped y descubrió que cada equipo formaba a ocho jugadores de campo más el portero. Había dos menos que en un partido de fútbol. Se decidió a preguntar con afán de saber:

—¿Alguien me puede explicar las reglas?

El interventor se estiró las mangas de la chaqueta, adoptó una postura adecuada para la ocasión y explicó ceremonioso:

—Veamos, el terreno de juego está distribuido en tres franjas que corresponden a los tres grandes momentos del Tiempo: pasado, presente y futuro. La portería de la izquierda protege el pasado y la de la derecha el futuro.

Al fijarse en las porterías, María e Irene se restregaron los ojos, incrédulas ante lo que estaban presenciando: bajo los palos del pasado el guardameta no era ni más ni menos que un reloj con pañales y chupete. ¡Un bebé! En cambio, en la portería contraria, la del futuro, un abuelito prieto de carnes aguardaba con tensión la llegada del esférico. Se apoyaba en su bastón y mesaba con nerviosismo los cuatro pelos blancos que le quedaban.

—*...Avanzan los verbos irregulares, DUERMO regatea con esa clase que atesora a HEMOS COMIDO y pone el turbo, tiene campo por delante, estimadas palabras y vocablos...*

Regladoiro siguió con su explicación, a pesar de las caras asombradas de sus invitadas:

—Los equipos tienen que marcar al menos un gol en las dos porterías. Cuando lo consigan, el partido concluirá. Ya está.

—¿Cómo que ya está? —María hablaba sin dejar de mirar hacia el estadio. No se perdía ni una sola fase del partido.— ¿No puede quedarse ningún equipo con la portería a cero?

—No. A lo mejor ya os han comunicado que este partido se disputa para que los humanos puedan nombrar el tiempo. ¿Sí? Muy bien. Cuando se perfore la portería del futuro, se habrá logrado que el tiempo avance: ese futuro se convertirá en presente. Y en el otro lado, cuando se perfore la portería del pasado, éste se alejará por completo del presente, por lo tanto también avanzará el tiempo.

—No comprendo nada. —María miró a Irene y ésta le hizo un signo indicándole que tampoco ella había entendido gran cosa.

Enhar tomó la palabra desde su silla alargada, sin dejar de mirar hacia delante:

—Permitidme que os lo explique yo. Nuestro interventor es demasiado preciso con sus términos. Imaginad que dentro de cinco minutos vais a saltar al campo a jugar. Estaréis de acuerdo conmigo en que se trata de una acción futura. Pero, cuando llegue el momento de saltar al terreno de juego, ¿en qué tiempo estaremos?

—En presente —se adelantó Irene.

—Efectivamente. Luego todo futuro se convierte en presente, antes o después, ¿no es cierto? —Las dos asintieron.— Ahora imaginad que estáis en el terreno de juego y realizáis una acción presente. ¿Qué pasará cuando termine el partido? Recordaréis esa acción que era presente como algo que ya ha sucedido, entonces podemos decir que todo presente se convierte en pasado, ¿sí?

—¿Eso es lo que ocurrirá cuando se marquen los dos goles? —Irene empezaba a comprender el mecanismo del partido.

—Eso mismo —contestó el supervisor—. Por eso, el encuentro no puede finalizar hasta que se haya conseguido introducir el esférico en cada una de las porterías. Cuando ocurra, los humanos tendrán asegurado el uso de los tiempos verbales durante otro año más.

*—...Atención, HAN CONDUCIDO se interna de nuevo en la franja del pasado, pasa el esférico a ATRAJISTE, que centra hacia el área y... ¡cabezazo de HUBO REÍDO al palo! ¡Qué nervios, querido público!...*

A María le divertía observar los cambios que se manifestaban en los jugadores. Porque no sólo los porteros mostraban su edad desigual, sino que todos los participantes iban envejeciendo o rejuveneciendo a medida que se acercaban a la franja del pasado o del futuro. Si un joven defensa de la portería pasada corría hacia el presente, crecía de tamaño, se le robustecían los músculos y el cuerpo se poblaba de vello; pero si un delantero del futuro retrocedía hacia la franja del presente para ayudar a sus compañeros, los cabellos canosos recuperaban su rubio, castaño o moreno original, las múltiples arrugas del rostro se suavizaban y hasta el bastón que lo sostenía desaparecía en un visto y no visto. Desde luego, ningún contrincante podía fardar de tener una bonita figura o un rostro más o menos agradable. El tiempo implacable hacía o deshacía a su capricho en cuestión de segundos. En ningún otro lugar como aquél la imagen importaba menos que nada.

—¿Por qué hay nueve jugadores por equipo? —María quería conocer las pautas del juego hasta el mínimo detalle.

—Un equipo forma un 4-2-2 y el otro un 2-2-4 —le respondió Regladoiro.

—¿Cómo? —A Irene esos números le sonaban a chino.

María se lo explicó:

—Por lo que veo, en la defensa de un equipo se sitúan cuatro jugadores, dos en el medio y otros dos en la delantera. En cambio, en el otro equipo hay dos defensas, dos medios y cuatro delanteros. ¿No es muy desigual la contienda?

—No, si tienes en cuenta que en la segunda parte cada equipo ocupa el campo contrario, de modo que el que estaba defendiendo la portería del pasado defenderá después la del futuro. La disposición en el terreno de juego depende de las franjas del Tiempo. A ver, ¿cuántos verbos en pasado hay?

Esta vez Irene no tuvo dificultad en seguirle el hilo a Regladoiro. María, en cambio, se había quedado pensando en blanco:

—Cuatro. El pretérito imperfecto, el pluscuamperfecto, el...

—Vale, vale. ¿Y cuántos en futuro?

—Dos —respondió precipitadamente María—, pero no sé cómo se llaman.

—Futuro imperfecto y Futuro perfecto —apuntó la otra, recuperando energías.

—Muy bien, y en la esfera del presente aceptamos que hay otros dos, un presente y un pretérito perfecto compuesto.

—Pero el pretér... —Irene no pudo seguir. El público había dejado escapar un «huyyyy» atronador.

—...*¡Qué ocasión desaprovechada, palabras y vocablos! VIVIRÉ se había quedado delante del portero y éste le ha arrebatado el esférico con la punta de la manecilla...*

—Decía que el pretérito perfecto compuesto es un verbo pasado.

—Cierto, Irene, pero estarás conmigo en que forma a menudo parte de nuestro presente más inmediato. Por ejemplo, cuando antes de acostarte piensas en el día que ha transcurrido, utilizas el perfecto compuesto: *esta mañana me he levantado temprano, he desayunado y me he ido al cole.* Ha pasado, pero aún pertenece al mismo día en el que te encuentras. En cambio, si antes de acostarte te da por pensar en la noche anterior, seguro que emplearás el pretérito perfecto simple, un tiempo, ese sí, completamente pasado: *anoche no me dormí hasta muy tarde.*

—Bueno —atajó María—, todo eso está muy bien, pero no responde a mi pregunta anterior: ¿por qué ese número de jugadores? Toma, ¡qué pase más estupendo!

—*... AMÉ se ha apoderado del balón, pero suben a presionarle dos verbos irregulares. DUERMO y HAN CONDUCIDO están a punto de arrebatarle el esférico, aunque AMÉ se apoya hábilmente en HUBE DISTINGUIDO, retrasando la pelota...*

—¿Has visto esa jugada, María? —Regladoiro parecía excitado.— ¿Te has dado cuenta de cómo AMÉ se ha apoyado en HUBE DISTINGUIDO? Ahí tienes la razón por la que los participantes se distribuyen así en el terreno de juego. Hay dos tipos de tiempos: los tiempos simples y los tiempos compuestos. Para que lo comprendas tomaremos como ejemplo el equipo de los regulares. En esta primera parte están atacando la portería del futuro, ¿verdad? Para defender su puerta hay dos defensas más adelantados que son AMÉ y NECESITABA (tiempos simples), y detrás de ellos, otros dos defensas más retrasados y, por lo tanto, más alejados del presente: HUBE DISTINGUIDO y HABÍA LEVANTADO (tiempos compuestos). Porque unos se apoyan en los otros, logramos construir frases del tipo: *Aunque había levantado el brazo, la joven no necesitaba nada.* A cada tiempo simple le corresponde un tiempo compuesto, que está guardándole las espaldas porque es siempre anterior. Por eso, en la franja del presente encontramos a CANTAS (tiempo simple) y más retrasado a HEMOS COMIDO (tiempo compuesto). En el futuro, el delantero punta es VIVIRÉ (tiempo simple) mientras que por detrás de él, esperando un rebote, se encuentra el futuro perfecto HABRÉIS DIBUJADO (tiempo compuesto).

Una dama alargada, que más parecía péndulo de pared que reloj de mano, se levantó de un brinco del banquillo. Hizo una señal al árbitro y éste interrumpió la contienda. Los jugadores comprendieron que una de las entrenadoras había pedido tiempo muerto y corrieron a las bandas para recibir las instrucciones correspondientes.

Las entrenadoras se parecían como dos gotas de agua. Cualquiera diría que eran hermanas gemelas. De hecho, tal vez lo fueran. Pero mientras una cuidaba enormemente su aspecto, la otra iba desaliñada. Sin embargo, ésta última era de modales exquisitos, todo lo contrario que la primera, mucho más brusca. Como tales rasgos resultaban los únicos que las diferenciaba, todo el mundo llamaba a la una Aspectual y a la otra Modal.

—*...Atención, las Perífrasis Verbales se reúnen con sus jugadores. Algo no le está gustando a Aspectual porque ha sido ella la que ha solicitado el tiempo muerto. Abramos su micrófono y escuchemos lo que dice a los verbos regulares, ¿les parece?*

—¡Volvéis a caer en los errores de siempre, inútiles! ¡Estoy a punto de perder los nervios!

—*... Y Modal, ¿qué consejos estará dando a sus pupilos?*

—Hay que ir a por todas, puede que ahora estén nerviosos. Debéis recordar el último entrenamiento, ésta tiene que ser nuestra última oportunidad.

Irene no comprendía los gritos de Aspectual:

—Yo no sé qué pretende esa hablándoles así a sus jugadores, va a conseguir el efecto contrario...

—Tú no te enteras, Irene, bonita. —María había elegido un tono de burla adecuado para la ocasión.— Cuando montamos nuestro equipo de fútbol, el entrenador nos cocía las orejas a gritos, y nos motivábamos todas más.

—No creo que haya que ridiculizar a nadie para motivarlo. Mira la otra, por lo menos les dice algo de provecho.

Las palabras de Modal seguían circulando por los micrófonos de ambiente:

—Hemos de saber jugar nuestras bazas con inteligencia, compañeros.

... saltando sobre ellas las de Aspectual:

—No suelo perder, así que ya os estáis dando cuerda o termino de explotar. ¡Si llevamos un montón de minutos haciendo el ridículo! ¡Vamos a vencerlos de una vez!

*—Llama el árbitro a los jugadores. No falta mucho para que termine la primera parte. Desde luego, parece que los verbos irregulares están más finos que sus adversarios, pero hasta que el árbitro no pite el final del partido todo puede ocurrir en un partido del Tiempo...*

Cuando se reanudó el juego, un sector del público comenzó a animar a los jugadores con mayor énfasis que el resto. Alzaban los puños al aire y se erguían hacia el cielo como si fueran hijos del viento y quisieran volar. En realidad, pretendían que se les oyera más que a nadie:

—¡Muy bien!

—VIVIRÉ, ¡vas demasiado despacio! Así, así, más rápido.

A Irene no se le habían olvidado las palabras de Regladoiro cuando entró en el compartimento con las formas no personales. Había agradecido a Gerundio su deferencia para con ellas dos por haber asistido al palco de honor y no acudir a las gradas con... ¡eso era!, con los adverbios. Por lo tanto, los que así gritaban eran adverbios. ¿Y el resto, lo serían también?

—¿Por qué gritan ésos más que los demás?

Esta vez fue Gerundio el que respondió. Al fin y al cabo, conocía muy bien al público:

—Son los aficionados más radicales. Los que arman más jaleo y critican con mayor rigor: adverbios de modo y de cantidad.

—¿Son agresivos? —Irene pensó en los energúmenos que invadían algunos locales cerca de los estadios de fútbol. Por la televisión había tenido la oportunidad de contemplar el interior desolador de los bares por los que pasaban: sillas volcadas, botellas hechas añicos, amenazas todavía vivas en la atmósfera de cerveza y humo. Una menudencia, sin embargo, al lado de los accidentes cometidos en muchos estadios por su proceder incivilizado. El fuego, los pisotones, los puñetazos parecían sus únicos argumentos. Nada que hacer.

—Si estás pensando en vuestros partidos de fútbol, Irene, los adverbios de modo y de cantidad no son nada agresivos. Se comportan dentro de la más estricta corrección. ¿Y sabes por qué?

—*...La primera parte va a finalizar dentro de un momento, vocablos y palabras. Una última oportunidad para DAREMOS, que avanza decidido hacia la portería del pasado. Pero ahí está HABÍA LEVANTADO para interceptar el esférico y mandarlo fuera de banda...*

—Porque —prosiguió Gerundio— los adverbios son invariables. No cambian de forma y, por lo tanto, de carácter. Se comportan siempre igual.

—Seguro que habréis comprobado cómo los adjetivos, por ejemplo, tenían que acomodarse al género y al número de los sustantivos —intervino Regladoiro, sin abandonar nunca su aire de severo instructor.

—De hecho, eso les irritaba —convino Irene.

—Pues no pasa lo mismo con los adverbios: observad la diferencia entre *Los relojes rápidos avanzaban* y *Los relojes iban rápido*. En el primer caso, nos encontramos con un adjetivo (*rápido*) que concuerda en número con el nombre al que modifica *(relojes);* en el segundo, *rápido* es un adverbio que no cambia de forma.

Mientras tanto, los adverbios de cantidad y de modo seguían achuchando a los contendientes:

—¡Queda poco! ¡Vais bastante bien!

—¡Lo hacéis perfectamente!

—Así, así... ¡Sois demasiado, cronómetros!

Y llegó el final de la primera parte.

Esta vez, el público en su totalidad se puso de pie y criticó todo aquello que no le había agradado. Algunos adverbios de lugar protestaban por su ubicación en las gradas:

—Aquí no vemos bien.

—Allí delante estaríamos mejor.

—Nos sitúan muy lejos.

Los adverbios de tiempo, en cambio, la tomaban con el árbitro:

—¿Ahora pitas? ¡Demasiado pronto!

—¡Nunca deja acabar la jugada!

—¡Hace siempre igual!

Finalmente, los adverbios de afirmación, negación y duda se enfrascaban en discusiones bizantinas, donde nunca se sacaba nada en claro:

—Sí, sí, ciertamente.

—Posiblemente tengas razón...

—No la tiene. ¡Jamás!

—También pienso...

—¡Tú no piensas nada!

—Quizá si le dejaras...

Cuando se hubieron aburrido de repetir lo mismo, se dedicaron durante el resto del descanso a calentar todavía más el ambiente. Tenían presente la ausencia de las preposiciones, con las que habían confraternizado siempre muchísimo. Por eso, se agarraron por parejas o tríos y, sentándose y levantándose, imitaron las olas del mar con tanto ímpetu que el mismo Poseidón se hubiera sentido a gusto de haber podido estar allí. Lo curioso era que muchos nombres y adjetivos habían acudido a las gradas y se habían mezclado con los adverbios.

A María le fascinó el espectáculo.

—Un bonito homenaje a nuestras amigas desaparecidas —pensó en voz alta Participio. Y siguió—: están haciendo de locuciones adverbiales.

—¿Por qué dices que es un homenaje a las preposiciones? —preguntó María.

—Porque siempre que llegaba el descanso en los partidos del Tiempo, las preposiciones solían subir a las gradas y hacer la ola con las palabras que se prestaran al juego.

—Claro —comprendió Irene—, las locuciones adverbiales están formadas por palabras que funcionan como adverbios, aunque no lo sean...

—Dime alguna locución adverbial, para que yo me entere —le pidió interesada María.

—Pues, *A duras penas*, *De mal en peor*, *A fin de cuentas*...

—¿Y *A ciegas*?

—También.

—¿*A la chita callando*?

—Claro.

—Entonces ya sé lo que es una locución adverbial.

Siempre me quedaba bloqueada cuando el profesor Candel escribía alguna frase con expresiones de ese tipo.

La fiesta en las gradas continuó hasta que el árbitro señaló el inicio de una segunda parte que, por cierto, quedaría grabada en los anales del gran partido del Tiempo:

—*...Acaba de ponerse el esférico en juego, estimado público. Recuerden que ahora los irregulares atacan hacia el futuro y los regulares hacia el pasado... pero, atención, HAN CONDUCIDO da un pase a DUERMO, que se interna por la banda derecha, se introduce en la franja del futuro, dribla a HABRÉIS DIBUJADO... Peligro, hay peligro de gol... HABRÁ HECHO y DAREMOS toman posición dentro del área, DUERMO centra y... ¡Gol, gool, goooool, golazo de DAREMOS! El portero no ha podido hacer nada. ¡Qué jugadón! ¡Y en un tiempo récord, palabras y vocablos! ¡Ni treinta segundos desde que ha pitado el árbitro!*

Los espectadores saltaban en sus asientos con la alegría hirviendo en sus gargantas. Hasta María alzó los brazos encantada con la jugada.

—*...¡Cuidado!, porque ahora los verbos irregulares están más cerca que nunca de ganar la partida. Veremos cuál será la reacción del contrario...*

No se hizo esperar, desde luego. Catapultados por su entrenadora, algunos suplentes del banquillo de los regulares empezaron a correr por las bandas, calentando sus músculos.

El árbitro ordenó a los jugadores de cada equipo que se retiraran a sus respectivos campos, permitiendo que continuara el juego.

*—...NECESITABA pelea con PODÍAMOS por hacerse con el esférico, ahí están los dos saltando por los aires para recibir el balón... ¡Cuidado, qué manillazo le ha dado el verbo regular a PODÍAMOS! ¡Ha sido con la manecilla de las horas, ni más ni menos!*

El árbitro alcanzó en un abrir y cerrar de ojos a los dos implicados en el choque:

—¡Salid del campo inmediatamente! Tú, NECESITABA, cura la herida de tu adversario. —Dirigiéndose al resto de verbos regulares que esperaban en el campo, les ordenó:— quedaos dos minutos sin vuestro compañero.

Algún verbo intentó protestar, pero el árbitro levantó su silbato amenazador. En caso de alzarlo dos veces seguidas, hubiera significado una nueva expulsión. Por eso, nadie se atrevió a seguir replicando.

—Como van por debajo en el marcador han perdido un poco los papeles —sentenció una María absorta frente al cristal—. Que jueguen y se dejen de tonterías.

Mientras que su amiga disfrutaba con el encuentro, Irene pensó en todo lo que estaba viendo: si en el terreno jugaban los verbos regulares contra los irregulares en todos los tiempos... ¿dónde estaba el condicional? Además, el profesor Candel les había hecho estudiar unos cuadros interminables con todas las formas verbales, y en ellos aparecían tres modos diferentes que contenían los tiempos simples y los compuestos. ¿Habría allí modos?

—¿En qué modo están jugando los verbos? —se atrevió a preguntar.

Los del palco se volvieron hacia ella sorprendidos. Todavía más María, que no comprendía nada de lo que su amiga decía. Pensó que, como a Irene no le gustaba mucho el deporte, se aburría y por eso desvariaba. Regladoiro, en cambio, sonrió complacido ante la duda de la joven:

—Los verbos que ahora mismo se esfuerzan sobre el terreno de juego están en modo Indicativo. Su actitud es objetiva, ¿no crees? Están persiguiendo el esférico convencidos de que es real. Sin embargo, observa a los suplentes que corren por las bandas. Mira bien sus ojos, la expresión de sus rostros clavada sobre sus compañeros, ¿qué crees que piensan?

—Supongo que están deseosos de entrar —contestó Irene.

—Has empleado la palabra justa. —El interventor confiaba cada vez más en las posibilidades de Irene para liberar a las preposiciones. Su conocimiento de la lengua era evidente.— Como están deseosos de entrar, no dejan de repetirse: «Ojalá la entrenadora me elija a mí para saltar al terreno de juego».

—*...No hay tregua, amigos. Los verbos regulares están acosando a sus oponentes, pero éstos se defienden como jabatos. Sus contraataques son peligrosos y podrían resultar fulminantes...*

—Pero no sólo desean salir al campo —continuó el interventor—, también temen que la entrenadora se olvide de ellos. Seguro que piensan: «Me da miedo que no me escojan» o «Temo que se pase toda la segunda parte sin que me saquen».

—O sea, que los suplentes están en modo Subjuntivo. —Irene acarició su barbilla mientras observaba el terreno de juego.— Lo que piensan puede o no suceder, es algo subjetivo.

—Tan subjetivo como lo son el deseo y el temor.

—O la duda y la posibilidad.

—Por supuesto. —Regladoiro volvió a interpretar los pensamientos de los pobres suplentes que calentaban en las bandas dudando sobre su suerte o viendo la posibilidad de lograr algo importante: «Tal vez pueda jugar los últimos minutos», «Puede que meta un gol». Nada más terminar su explicación el revisor, Irene le preguntó a bocajarro:

—¿Y qué ocurre con el condicional? ¿No es un tiempo como los demás? ¿Por qué no aparece en el terreno de juego?

—Veo que conoces muy bien la conjugación, no como otras... —María no se dio por aludida. Estaba tan absorta en el juego, que las palabras flotaban a su alrededor sin forma ni rumbo fijo. Acababa de ser testigo de una triangulación formidable que la había decantado del lado de los regulares, tal vez por pura lástima. Al fin y al cabo, iban por debajo en el marcador.

—... *HABRÁ HECHO está cruzando casi todo el campo en pos de la portería del pasado, amado público. Rejuvenece a todo gas, mírenlo, ya parece un jabato. ¡Ay, qué lástima! Ha resbalado en el último momento...*

—Irene, el condicional es un tiempo atípico. Podríamos considerarlo a mitad de camino entre el tiempo y el modo.

—El profesor Candel nos dijo que era un tiempo —replicó Irene.

—Y no le falta razón, pero convendrás conmigo en que no expresa un hecho del todo real. Más bien se codea con la suposición y la subjetividad. Por eso, algunos de los suplentes que están corriendo ahora mismo por los laterales del terreno son condicionales. No sólo están deseando entrar, sino que además se imaginan convirtiéndose en la estrella del partido del Tiempo. Seguro que piensan: «Me gustaría tanto poder jugar. Si me sacara la entrenadora regatearía a todo el mundo, me plantaría delante del portero y le largaría un esfericazo que agujerearía las redes. Después me aclamarían al pasar, estaría en boca de todos y obtendría el máximo respeto por parte de los modelos de la conjugación. Hasta el interventor tendría que saludarme con cortesía...». Son los más soñadores. No es casualidad que sean con los que menos cuentan las entrenadoras: cuando bajan de la nube se dan un batacazo considerable.

María despegó de la silla sin poder contener la alegría:

—¡Ha sido penalti!

—*...El árbitro no ha dudado ni dos segundos en pitar la máxima pena, palabras y vocablos. Es HABÍA LEVANTADO el que se dirige hacia el punto fatídico para lanzarlo. Pero antes, el juez de la contienda le da las últimas órdenes. Escuchémosle:*

—Espera a que el portero esté situado. No dispares hasta que yo lo mande. ¡Mírame cuando hable! Deja de una vez el esférico en el suelo.

—*...El verbo regular toma carrerilla y... ¡ha fallado! ¡Qué oportunidad de igualar la contienda se le ha escurrido!*

María resbaló por su asiento enfurecida:

—No me extraña que lo haya fallado, después de las órdenes de ese árbitro. Ni que fuera un sargento.

—No, pero casi, María. —Regladoiro aprovechó para seguir con sus explicaciones. La joven lo miró con cara de pregunta.— El árbitro no es más ni menos que nuestro tercer modo: el imperativo. Siempre está mandando...

—¿A usted también? —Irene no concebía que alguien estuviese por encima del interventor. La impresión no permaneció demasiado tiempo en su cabeza. Enher se entrometió:

—A él y a nosotros tres no nos manda, no, pero nos ruega sin parar. Siempre utiliza un tono lastimero y pegajoso que resulta insoportable. No sé cómo es capaz de fingir después esa determinación en el campo.

—*...La cosa está que arde. NECESITABA vuelve a la carga por los regulares, pero PODÍAMOS le roba el esférico y monta el contraataque. Pasa a HAN CONDUCIDO, éste levanta la cabeza y ve desmarcado a HABRÁ HECHO... ¡no hay fuera de juego! Encara al portero y... ¡al palo! ¡Pero ahí está DAREMOS! ¡Gol, gool, segundo de los irregulares!*

—Mal lo tienen ya —opinó una María desinflada.

Los estallidos de júbilo del público ocultaron la voz del locutor. María e Irene no comprendieron bien por qué los relojes de uno y otro bando se abrazaban como si todos hubieran resultado vencedores. También el público se sumaba a la fiesta fraternalmente. Y hasta las formas no personales del palco de honor se estrecharon las manos con dignidad. Mientras, Regladoiro anotaba en su bloc la hora exacta en que se había realizado el gol.

—¡Pero si no se ha agotado el tiempo reglamentario! —Lo que menos podía soportar María era ver de qué manera tan efusiva se felicitaban regulares e irregulares. Estirando el brazo hacia delante, despectivamente, encaró al interventor:—¡Si parece que todos hayan ganado!

—Es que han ganado todos, joven. No sé si recuerdas que el partido se juega para que los humanos podáis hablar correctamente. Pues bien, ya tenéis garantizado el uso de los tiempos verbales durante otro año más, gracias a que las dos porterías han sido perforadas. Ahora, sólo permanecen en la memoria de todos las jugadas más hermosas y la forma tan brillante en que se ha cumplido el objetivo. Nada más.

Al fin surgió la voz ahogada del locutor:

—*... Emotivo, palabras y vocablos, realmente emotivo este final. Una vez más, el espíritu deportivo ha imperado sobre todas las cosas. Esperemos que el año que viene los relojes seleccionados nos deleiten con tanto pundonor y buen juego como el demostrado hoy. Y, sobre todo, esperemos que ese día estén ahí, para volver a animarnos, nuestras queridas preposiciones...*

La evocación de las palabras secuestradas hizo recordar a Irene el robo del esférico y su misión en un viaje que parecía no acabar nunca. Tal vez porque estaba en ese momento rodeada de exaltación y euforia, le parecía más honda y dura todavía la situación en la que se encontraban María y ella. ¿Cuándo llegarían a Sinsentido? ¿Qué les aguardaba allí? Un estremecimiento serpenteó por su cuerpo.

El interventor se había levantado y se disponía a salir. Lo atajó como pudo:

—Señor, llevamos tanto tiempo en este tren... —Ni siquiera se había atrevido a hablarle directamente.

—Me hago cargo de tus inquietudes, Irene. Te aseguro que no falta mucho para llegar a los confines de Sinsentido. Tened paciencia.

—¿Y lo del robo? ¿Qué palabra ha sido?

—Desgraciadamente, no puedo saberlo mientras el tren esté en marcha y todas las palabras vayan de un compartimento a otro. Para saber quién falta tendría que agrupar a todas según sus categorías y ello supondría una demora considerable. No podemos perder ni un segundo. Os recomiendo que visitéis el último compartimento del vagón. Seguro que allí os tratarán como es debido.

No hubo tiempo para más preguntas. El interventor desapareció como un relámpago. En su lugar, una María repuesta la arrastró fuera:

—Vamos, Irene, a ver qué sorpresas nos aguardan ahora.

Con sus reglas en la mano, las dos cruzaron la puerta bajo el abrigo de la voz melodiosa: *Están ustedes abandonando el compartimento de los verbos predicativos. Esperamos que su estancia haya sido provechosa. Gracias.*

## EL SINTAGMA VERBAL: PREDICADO VERBAL (VERBOS PREDICATIVOS)

Ya sabes que el verbo es **núcleo** del **sintagma verbal**.

Es una clase de palabra que informa sobre una **acción** o sobre un **estado**.

En las reglas anteriores, vimos que los verbos de estado se llaman **copulativos**.

En cambio, los de acción son **predicativos.**

Todos los verbos pertenecen a una de las tres conjugaciones existentes:

1ª conjugación: **-ar** (amar)
2ª conjugación: **-er** (temer)
3ª conjugación: **-ir** (partir)

Además, cualquier verbo tiene un **lexema** (o raíz) y **morfemas verbales** (o desinencias) que informan sobre:

- **La persona y el número:** Igual que el pronombre, el verbo posee persona; igual que el nombre o adjetivo, el verbo posee número. Concuerda en persona y número con el núcleo del sintagma verbal:

  *El reloj corría mucho / Los reloj**es** corría**n** mucho.*

| | | NÚMERO | |
|---|---|---|---|
| | | Singular | Plural |
| PERSONA | 1ª persona | Corr**o** | Corr**emos** |
| | 2ª persona | Corr**es** | Corr**éis** |
| | 3ª persona | Corr**e** | Corr**en** |

No todas las formas verbales tienen persona. Existen las **formas no personales,** que, además de no tener persona ni número, tampoco expresan el tiempo. Son:

– el **infinitivo** (correr)

– el **participio** (corrido)

– el **gerundio** (corriendo)

Además de su valor verbal, pueden funcionar con otros valores gramaticales:

– el infinitivo, como **nombre**: *Tiene ganas de* ***comer****.*

– el participio, como **adjetivo**: *Estoy* ***ilusionada*** con el partido.

– el gerundio, como **adverbio**: *Sigue* ***disfrutando*** *mucho.*

• **El tiempo:** El morfema del tiempo es específico del verbo. Sitúa la acción en el **pasado, presente, futuro**.

Hay **formas simples** y **formas compuestas**. A cada forma simple le corresponde una compuesta. El tiempo de las formas simples es siempre anterior al de las compuestas.

*Hoy, a las tres,* ***corro*** *en el campo.*

*Esta mañana,* ***he corrido****.*

Formas simples: **presente, pretérito imperfecto, pretérito perfecto simple, futuro, condicional.**

Formas compuestas: **pretérito perfecto compuesto, pretérito pluscuamperfecto, pretérito anterior, futuro compuesto, condicional compuesto.**

• **El modo**: Expresa la actitud del hablante frente a lo que dice.

Cuando el hablante se refiere a algo que ha sucedido, sucede o sucederá en la realidad, utiliza el **indicativo:**

*__Juego__ el partido.*

Cuando el hablante expresa duda, temor, deseo, probabilidad, utiliza el **subjuntivo**:

*Ojalá __juegue__ el partido.*

Cuando el hablante manda o ruega, utiliza el **imperativo**:

*¡__Juega__ ahora mismo el partido!*

• **El aspecto**: El aspecto indica si una acción del pasado o del futuro está acabada (aspecto **perfectivo**) o inacabada (aspecto **imperfectivo**).

– *El reloj __corría__ durante horas* (imperfectivo).

– *El reloj __chutó__ el balón* (perfectivo).

• **La voz:** Expresa la relación entre el verbo y el sujeto. Cuando un verbo está en **voz activa,** el sujeto realiza la acción del verbo:

*Un verbo __dribla__ al contrario.*

Cuando un verbo está en **voz pasiva,** el sujeto recibe la acción del verbo:

*El contrario __fue driblado__ por un verbo.*

Hay muchos verbos que no se ajustan a los tres modelos de la conjugación regular: son los **verbos irregulares**. O alteran su lexema o alteran su terminación. *Como* es un verbo regular porque se conjuga al igual que *Temo*. Pero *Puedo* es un verbo irregular porque no se conjuga como *Temo*.

Además de los verbos que hemos visto, también pueden ser núcleo de un sintagma verbal las **perífrasis verbales**.

Se dan cuando nos encontramos con la siguiente estructura:

**Verbo auxiliar + partícula + Verbo de unión en forma no personal** (infinitivo, participio, gerundio).

El verbo auxiliar es aquel que ha perdido gran parte de su significado léxico:

*Si el médico lo permite, podré jugar* (= lograré).

*El árbitro no* ***puede*** *tardar mucho en pitar* ([1] logra)

Hay dos tipos de perífrasis verbal:

- **Perífrasis modales**: Señalan la actitud del hablante frente a la acción:
  - de **obligación**:
    Tener que + infinitivo (***Tengo*** *que correr*)
    Haber de + infinitivo (***He de*** *correr*)
    Deber + infinitivo (***Debo*** *estudiar*)
    Hay que + infinitivo (***Hay que*** *estudiar*)
  - de **posibilidad:**
    Poder + infinitivo (*Tal vez* ***pueda ser*** *así*)
    Deber de + infinitivo (***Deben de*** *llegar ya*)

• **Perífrasis aspectuales:** Indican si la acción está o no acabada:

– **comienzo de la acción:**

Ir a + infinitivo (***Va a** correr mal*)

Estar a punto de + infinitivo (***Está a punto de** lograrlo*)

– **duración:**

Seguir + gerundio (***Sigue** corriendo como antes*)

Estar + gerundio (***Está** corriendo desde ayer*)

Llevar + gerundio (***Lleva** jugando dos horas*)

– **fin de la acción:**

Dejar de + infinitivo (***Deja de** correr*)

Acabar de + infinitivo (***Acaba de** salir*)

Llevar + participio (***Lleva** ganados dos partidos*)

Tener + participio (***Tiene** hecho casi todo el techo*)

– **acción reiterada:**

Volver a + infinitivo (***Vuelve a** correr*)

## VIII

María e Irene sintieron que el cielo se les caía encima y que las fuerzas las abandonaban nada más abrir la puerta del siguiente compartimento. Si no oyeron la voz que les advertía: *Bienvenidos al salón de los Complementos,* menos todavía pudieron ver en qué consistía su decoración. Ni siquiera las paredes quedaban a la vista. Un gentío infinito poblaba la estancia, de manera que las jóvenes consiguieron entrar en ella de puro milagro, como si las hubieran introducido con calzador. Las conversaciones se encontraban en el aire formando parejas, tríos, grupos de frases inconexas, agudas unas, susurradas otras, irritadas las que más. Porque la discusión y el griterío dominaban sobre todas las cosas.

«No sé cómo pueden hablar tanto con este calor. Aquí se asfixia una», pensó Irene. Instintivamente levantó un brazo para agarrarse a una barra invisible, porque aquello parecía un autobús metropolitano en hora punta.

Casi todos aquellos que formaban semejante enjambre resultaban conocidos para las jóvenes, por habérselos encontrado ya en el vagón Sintagma Nominal Sujeto: la familia común al completo aparecía y desaparecía entre los muchos grupos. Colectivo aprovechaba sus innumerables cabezas para atender varias conversaciones a la vez, lo que le originaba una peligrosa crisis de identidad: gritaba en una esquina, se lamentaba en otra, sonreía a un contertuliano o disertaba diplomático con otros más allá. Concreto aprovechaba una audiencia nutrida para hacerse todo boca y soltar la lengua a sus anchas, mientras que Abstracto se volvía loco descifrando los millones de pensamientos que se gestaban en las mentes acaloradas. Un humo espeso se diseminaba por los mínimos huecos, embadurnando con su fragancia la estancia, demasiado cargada ya de olores. «Claro —sonrió Irene— no podían faltar los adjetivos.» Protegido por un pañuelo, hasta el mismísimo Sustancio Pidedieta se dignaba esgrimir razones a los pocos que no le daban la espalda. Numerosos buñuelos agitaban sus extremidades sobreexcitados por el tono de la conversación. Allí estaba Determinado, parecía realmente triste y ni siquiera dialogaba con los que se le acercaban. Meditabundo, lanzaba una mirada concentrada a través de los cristales. También se encontraba Personal, pobrecito, seguro que no habría podido disfrutar tanto como sus colegas del partido del Tiempo. Ni él ni los demás pronombres-cucaracha.

En más de un grupo se distinguían a duras penas unos seres diminutos que, tal vez por culpa del azar, las dos adolescentes no se habían encontrado antes en ningún sitio. Les llamó poderosamente la atención lo extraordinario de sus cuerpos en forma de anzuelo.

—Son como los que usa mi padre para pescar —comentó, divertida, María.

Irene, que no había podido oír bien a su amiga a causa del bullicio reinante, levantó la voz para contestarle:

—No sé quiénes son, pero resultan simpáticos.

Junto a las palabras señaladas, numerosos adverbios se distribuían entre los grupos, todavía excitados por la fiesta que poco antes habían organizado en las gradas.

La conversación más cercana a las jóvenes acaparó su interés. En ella participaban dos bolas de humo, un buñuelo y un nombre:

—Ahora que ha concluido el partido, debemos pensar seriamente en las preposiciones —consideró el Determinante.

—Desgraciadamente, nada podemos hacer por ellas —intervino una de las bolas de humo.

—Ya estamos, vosotros los adjetivos nunca movéis un dedo por nadie. A la mínima que se requiere algo de esfuerzo ahuecáis el ala.

—Mira, Individual, no me vengas con sandeces. Todos sabemos que contra Sinsentido ninguno de nosotros puede nada. ¿Lo comprendes o te hago un dibujo?

Más allá, otro adjetivo calificativo confesaba a uno determinativo:

—Para mí, que esa Irene en la que tanto confía el interventor no tendrá suficiente valor para pisar Sinsentido.

—¿Tú crees?

—Estoy seguro.

María miró irritada a su compañera. Ésta le hizo un gesto apaciguador encomendándole seguir adelante. Como era tan grande el tropel que se agolpaba en el salón, nadie había reparado en ellas. A la altura de un grupúsculo en el que un anzuelo discutía con Abstracto y el buñuelo Posesivo, Irene comprendió que su nombre estaba en boca de casi todos:

—Esa joven es muy lista —aseguraba Abstracto.

—Sí, pero nadie ha regresado jamás de Sinsentido.

Acordaos de aquel humano de barba blanca que se tenía por un caballero y en nombre de la cordura se adentró por las tierras prohibidas.

—¿Ese que convivió con nosotros durante una temporada? —preguntó Posesivo.

—El mismo. ¿Se supo algo más de él? Seguro que Sinsentido le desordenó las palabras de la cabeza y lo volvió loco.

«¿A mí me ocurrirá lo mismo?», se preguntó Irene, impresionada. Como estaba justo detrás de Abstracto, éste percibió nítidos los pensamientos de la muchacha:

—¡Irene —exclamó, volviéndose hacia ella—, estabas aquí!

—Sí, y por lo que veo, el tema principal en este compartimento somos las preposiciones, Sinsentido y yo.

—No hagas caso de todo aquello que oigas; lo que pasa es que estamos muy preocupados. No sé cuánto tiempo podremos seguir trabajando sin las preposiciones.

María aprovechó un hueco entre Irene y el sustantivo para tomar partido en la conversación:

—¿Y qué hacéis reunidos?

—En este compartimento funcionamos todos como complementos. Venimos a precisar las acciones de los verbos.

—¿Qué quiere decir «precisar las acciones de los verbos»? —De nuevo María se interesó por comprender algo de ese mundo tan complicado.

—Veamos, si formas una oración puedes utilizar un verbo solo, sin ofrecer ningún dato suplementario. Algo así como *María pregunta*. Pero si prefieres aportar más detalles, utilizas palabras que acompañan a ese verbo: los complementos. Entonces dirás: *María pregunta una cosa a Abstracto en el salón de los complementos.*

—Y para construir algunos de esos complementos se necesitan forzosamente las preposiciones —dedujo una vez más Irene.

—Tú lo has dicho. De los seis existentes, hay tres complementos que siempre van precedidos de preposición: el complemento indirecto, el complemento de régimen verbal y el complemento agente. Otros dos pueden llevarlas o no: el complemento directo y el complemento circunstancial.

—Y el único que nada tiene que ver con las preposiciones soy yo. —El humo que acababa de intervenir tenía toda la facha de aquel Atributo que habían abandonado en el piso de abajo. Sin embargo, la expresión de la cara no cobijaba ningún ceño fruncido ni acidez alguna; al contrario, una sonrisa de parte a parte le rebanaba el rostro.

—¿Y quién eres tú? —soltó María.

—Soy el primo hermano de Atributo, ¿lo conocéis? Funciono como complemento predicativo.

—¿Y eso qué es?

—¡Ay, hija, es una larga historia! Yo vivía en el piso de abajo, era un atributo, como mi primo, hasta el día en que me cansé de él.

—No me extraña.. —María recordaba lo áspero que había resultado con ellas.

—Pues yo tengo mucha paciencia, imagínate. Pero lo que no se puede, no se puede. Y el pedazo de humo se pasaba todo el día criticando a Fulanito y a Menganito. Me ponía los oídos de todos los colores con sus habladurías, que si aquél era así, que si éste estaba asá... Yo soy muy alegre por naturaleza, y me gusta que entre las palabras haya buen rollo y todo eso; pues con mi primo la sonrisa se me hacía añicos nada más levantarnos. Escribí una queja formal al interventor y conseguí que me subieran aquí arriba. De eso hará tanto tiempo...

Irene y María pensaron que el compartimento en el que estaban resultaba mucho más adecuado para un espíritu vivaracho que el de abajo, solitario y triste. De hecho, la estancia de los complementos contrastaba poderosamente con la de Atributo: un hormiguero frente a una simple hormiga.

—Claro que —continuó el complemento predicativo—, como había sido atributo durante tanto tiempo allí abajo, cuando subí seguí trabajando igual.

—Entonces, ¿qué te diferencia de Atributo? —preguntó María.

—Que él está abajo y yo arriba. O lo que es lo mismo, que él completa a un verbo copulativo y yo a un verbo predicativo. Fíjate: si te digo *María está inquieta*, el adjetivo funciona como atributo porque mediante el verbo copulativo califica al sujeto *María*. En cambio, con *María piensa inquieta*, el adjetivo es un complemento del verbo predicativo y a la vez sigue calificando al sujeto.

Si bien las explicaciones del complemento interesaban sobremanera a Irene, desde hacía un rato no podía quitar ojo de Determinado. Lloraba desconsolado cazando sus propias lágrimas en el cristal. La joven consiguió entre codazos y empujones llegar hasta él. No hacía falta que el otro le explicara, estaba segura de que el artículo lamentaba la ausencia de sus preposiciones más queridas. Le pasó un brazo por encima. Ese gesto tan sencillo contribuyó a que el otro desviara su mirada de vaho hacia ella:

—Con A me encantaba colaborar para formar complementos indirectos.

—¿Por qué precisamente A?

—Porque todo complemento indirecto está introducido obligatoriamente por la preposición *a*.

—También un complemento directo puede estar precedido por esa misma preposición, ¿no es cierto?

—Bueno, sí; pero A y yo nos divertíamos mucho cuando formábamos frases del tipo *He dado un abrazo al tío de mi amigo*, donde aparece un complemento directo sin preposición (*un abrazo*) y otro indirecto con la preposición *a* más el artículo *el (al tío de mi amigo).*

Irene aprovechó que María los había alcanzado para preguntarle a Determinado:

—¿Indeterminado no sentía un amor loco por A, precisamente? —No estaba de más que su amiga fuera descubriendo algunos puntos flacos del malvado que la había inducido a beber porquerías para los humanos en el compartimento cocina.

—Sí, de A... Por cierto, hace mucho que no lo he visto. Me gustaría saber dónde se mete.

En un rincón del departamento, un grupo de palabras había conseguido formar un coro con la finalidad de construir oraciones entre todas. Cuando una hablaba, se situaba en mitad del círculo y las demás la escuchaban con interés.

La mayoría de rostros se dirigieron hacia el grupo, expectantes. María e Irene quisieron saber en qué consistía la diversión. El buñuelo más próximo les contó que practicaban el juego de los complementos circunstanciales. La palabra que se colocaba en medio debía proponer un complemento circunstancial adecuado al verbo escogido. Caso de no ocurrírsele ninguno, quedaría eliminada. Vencería, en cambio, aquella que consiguiera terminar la oración con el último de los seis circunstanciales posibles:

—¡Qué interesante! Vamos a verlas más de cerca, María.

Cuando lograron una posición adecuada para contemplar el espectáculo, una nueva oración acababa de ponerse en marcha. Alguien propuso un sujeto y un verbo para comenzar: «Los relojes han jugado». Un determinante saltó al ruedo decidido:

—Los relojes han jugado *hace un rato.*

Regresó satisfecho al círculo.

—Los relojes han jugado hace un rato, *en el estadio.* —Esta vez era un pronombre el que había cruzado la línea de fuego. Pasó un rato hasta que una bola de humo se plantara en medio de los demás:

—Hace un rato, en el estadio, los relojes han jugado *muy bien.*

Una exclamación admirada sobrevoló la habitación. El adjetivo había cambiado el orden de los complementos con pericia. El juego se complicaba. Un adverbio se precipitó al centro del redondel, pero fue presa de los nervios y nada dijo. Se había quedado en blanco, por lo que tuvo que ser eliminado. Luego, Individual dio muestras de pertenecer a la familia de los sustantivos, palabras dotadas de gran sabiduría, dirigiéndose tranquilamente al lugar decisivo:

—Hace un rato, en el estadio, los relojes han jugado muy bien, *con el esférico*.

Desde luego, no había estado nada mal. María e Irene seguían con avidez el desenlace de la jugada. La primera, sobre todo, parecía especialmente atenta. Había comprendido qué era un complemento circunstancial y por eso estaba disfrutando como una enana.

Cuando daba la impresión de que nadie saldría a completar la oración, un anzuelo sonriente se atrevió:

—Hace un rato, en el estadio, los relojes han jugado muy bien, con el esférico, *a las cinco de la tarde*.

—¡El complemento circunstancial de tiempo ya ha aparecido! —gritaron algunas palabras—. ¡Eliminado!

Se retiró, efectivamente, cabizbajo y avergonzado por su distracción.

—Hace un rato, en el estadio, los relojes han jugado muy bien, con el esférico, *para los humanos* —intervino con seguridad Sustancio Pidedieta. Le encantaba exhibir sus conocimientos delante de las demás palabras. Esta vez, sin embargo, le había costado colocar su complemento de tal manera que el sentido de la frase no se resintiera demasiado.

Hubo aplausos. Y un silencio concentrado después. Nadie más sabía cómo encajar el último complemento que quedaba. Irene calculó las posibilidades: había aparecido un complemento de tiempo, otro de lugar, otro más de modo, el de instrumento y, por supuesto, el de finalidad. Faltaba pues el complemento circunstancial de causa... Sin pensárselo dos veces, la joven irrumpió en mitad de la escena. Ni siquiera se había planteado la posibilidad de que ella no pudiera participar en el juego:

—Hace un rato, en el estadio, los relojes han jugado muy bien, con el esférico, para los humanos, *gracias a su buena preparación.*

Un murmullo de aprobación recibió sus palabras. Al murmullo le sucedieron los elogios y el premio que se suele tributar al ganador: «Bravos» y «Vivas» se arrojaron a la joven a falta de rosas con qué premiarla.

—¡Y alguien duda todavía de que nuestra amiga no consiga liberar a las preposiciones! —Desde luego, más que una pregunta, Abstracto había lanzado un desafío a los pasajeros del compartimento. Conocía mejor que nadie las mentes de sus compañeros y aprovechó esa ocasión para levantarles el ánimo.

Concreto, desde el otro lado de la estancia, ayudó a su hermano:

—¡Yo también creo que la joven colaborará sin vacilar! ¡No nos olvidemos de que la acompaña María! ¡Juntas serán invencibles!

El entusiasmo se apoderó de las palabras. Las discrepancias, quejas y elucubraciones cedieron su lugar a la esperanza. Incluso Determinado entrevió la posibilidad de recuperar a sus compañeras del alma.

María, por su parte, había experimentado un escalofrío cuando Concreto la nombró. Comprobó que su afecto hacia el sustantivo era recíproco, y al mismo tiempo se sentía por primera vez reconocida en el tren. No fue menor su alegría cuando descubrió en la mirada de Irene un agradecimiento que no creía merecerse.

—Me alegro tanto de poder ayudarte, amiga —le susurró al oído.

—Y yo de que estés conmigo —repuso Irene.

La algarabía general se vio súbitamente interrumpida por la voz del interventor, proveniente de los altavoces: *Atención, palabras, dentro de unos minutos alcanzaremos la frontera con los dominios de Sinsentido. Allí nos espera otro tren con el que entraremos en contacto. Os ruego a todas que os coloquéis en vuestros asientos y os abrochéis los cinturones de seguridad. Irene y María, dirigíos al final del compartimento y aguardad a que se detenga la máquina. Sólo entonces podréis bajar. Ya nos encontraremos.*

Cuando estuvieron bien aseguradas en sus respectivas plazas, María le preguntó a Irene:

—¿No dijo Abstracto que había seis complementos? ¿Cuáles son el quinto y el sexto?

—El complemento agente y el complemento de régimen verbal. Las palabras que los formen sí tienen verdaderos motivos para estar tristes. Sólo existen gracias a la preposición.

—¿Por qué?

A Irene le sorprendía gratamente el interés de su amiga.

—Porque hay verbos que exigen siempre un complemento con preposición para poder realizarse. Si yo digo: *Las palabras del vagón carecían de esperanza*, el complemento *(de esperanza)* es imprescindible para que la frase tenga sentido. Se tratará de un complemento de régimen verbal. Prueba a quitárselo.

—A ver... *Las palabras del vagón carecían.* ¿De qué? Es verdad, siempre se carece de algo.

—Se carece de algo, se confía en alguien, se cuida de alguien, se piensa en algo, y un largo etcétera de casos similares.

—Ahora que hablas de pensar en alguien —cambió de tema María—, ¿qué será de nuestros compañeros de clase? ¿Qué pensarán en casa? Me parece que ha pasado un siglo desde que subimos a este tren.

Irene apoyó la frente contra el cristal. Fuera, las imágenes se sucedían a una velocidad vertiginosa, como si una goma gigante hubiera desplazado los trazos de las formas. Del mismo modo se confundían los recuerdos en su mente. A lo mejor intentaba disolverlos porque en ese momento se sentía rodeada de amigos, tan lejos de la soledad y del silencio con los que siempre se había codeado. «Es normal que María se acuerde de los suyos —pensó—. Seguro que en el fondo sigue deseando regresar.»

Pero María se encontraba en ese preciso instante en una galaxia a la que Irene no podía acceder. Los ojos cerrados, apretaba la cabeza contra el respaldo y se dejaba llevar por una somnolencia que sólo un golpe brusco devolvió a la realidad. El estruendo que siguió al ensamblaje de los dos trenes resultó de una magnitud considerable. Menos mal que los cinturones de seguridad cumplían a la perfección su papel.

Una vez que el peligro hubo desaparecido, las dos jóvenes salieron del vagón con sus respectivas reglas en las manos:

## EL SINTAGMA VERBAL: PREDICADO VERBAL (LOS COMPLEMENTOS)

Todo verbo (núcleo del predicado verbal) puede ir complementado por distintos tipos de complementos o adyacentes:

• **El complemento directo**: Es un sintagma nominal que delimita la significación del verbo. Normalmente va sin preposición, salvo cuando se refiere a una persona: entonces aparece siempre con la preposición **a**:

El joven necesita <u>una esperanza</u>.

*El joven necesita <u>a su novia</u>.*

Para reconocer un CD, o bien sustitúyelo por **lo, la, los, las**, o bien convierte la oración en voz pasiva (si el complemento realiza la función de sujeto y la frase tiene sentido, se trata de un directo):

*El joven necesita a su novia = El joven la necesita.*

*= Su novia es necesitada por el joven.*

• **El complemento indirecto:** Es un sintagma nominal que recibe el provecho de la acción verbal. Va precedido siempre de la preposición **a**:

*La joven habla <u>a su amiga</u>.*

Para reconocer un CI, sustitúyelo por **le, les**:

*La joven habla a su amiga = La joven **le** habla.*

Cuando el CD y CI aparecen juntos en forma pronominal, **le** o **les** se convierten en **se**:

*Las palabras contaron muchas cosas a las jóvenes = Las palabras* ***se*** *las contaron.*

- **El complemento circunstancial:** Expresa las distintas circunstancias en que se desarrolla la acción del verbo: tiempo, lugar, modo, causa, finalidad, instrumento...

Normalmente, el complemento circunstancial presenta la forma de un **sintagma preposicional**:

*Entraron en el vagón.*

Pero puede aparecer como un **sintagma nominal**:

*Vino el otro día*

E incluso, como un **sintagma adverbial:**

*Habla tranquilamente.*

- **El complemento predicativo:** Realiza la misma función que un atributo pero en el seno de un predicado verbal. Compara:

*Él estaba contento* (atributo).

*Él hablaba contento* (complemento predicativo).

También puede existir un complemento predicativo del complemento directo:

*Él tomó el café* ***frío.***
CD

• **El complemento de régimen verbal:** Muchos verbos exigen un complemento precedido obligatoriamente de una preposición: pensar **en**, contar **con**, tratar **de...**

No lo confundas con un complemento circunstancial. El complemento de régimen verbal nunca puede aparecer junto a un CD. Además, sólo puedes sustituirlo por un pronombre precedido de la preposición.

• **El complemento agente:** Cuando el verbo aparece en voz pasiva, puede ir complementado por un complemento agente, introducido generalmente por la preposición **por**:

*El coche ha sido arreglado por el mecánico.*
C. Agente

Si esa misma oración apareciera en voz activa, el complemento agente de la pasiva sería el mismo que el sujeto de la activa:

*El mecánico ha arreglado el coche.*
Sujeto

## IX

Frente al paisaje que las rodeaba, Irene y María se sintieron insignificantes. Delante de ellas se extendía un claro infinito que se extraviaba más allá de sus miradas. No había absolutamente nada que se interpusiera entre sus ojos y la lejanía. Por sus cabezas se pasearon los grandes desiertos africanos de las películas, aunque, en aquellos, al menos uno se podía acostar sobre la arena. Aquí, en cambio, el suelo se mostraba manco, mudo y calvo de tan pelado, silencioso y mísero.

—¿Será esto Sinsentido? —dibujó en el aire Irene.

Detrás de ellas, respondió resuelta una vocecilla:

—Sinsentido está a vuestras espaldas.

Al darse la vuelta, las jóvenes descubrieron un par de cosas sorprendentes: en primer lugar, nadie había allí aparte de los dos trenes, detenidos uno junto al otro. La voz que las había advertido parecía, por lo tanto, surgida del aire; en segundo lugar, Sinsentido resultaba más patético que el espacio inmenso que acababan de descubrir. Las chicas tragaron saliva ante la espesura de un bosque gigantesco, que se devoraba a sí mismo con agresividad. Algunos árboles se abrazaban en una lucha sin cuartel por ver cuál imponía sus ramajes al otro, pero la mayoría de ellos se curvaban hacia el suelo, como si quisieran desenterrar sus propias raíces o las del vecino. No fue eso, sin embargo, lo que obligó a Irene y María a restregarse incrédulas tres y cinco veces los ojos: el bosque estaba desenfocado, exactamente igual que una fotografía mal tomada. Al principio, María temió que sus lentillas le estuviesen jugando una mala pasada, pero por fin se convenció de que, delante de ella, lo nítido había cedido su trono a lo borroso, la claridad a la confusión.

El árbol más arrimado a los límites de Sinsentido se alzaba como ejemplo de la división tan grande que existía entre los dos mundos: tronco y ramas se desvanecían como fantasmas punteados. En cambio, la extremidad de una de esas ramas sobrepasaba la frontera y destacaba por ello sobre las demás, gracias a su verde compacto y a la suavidad de sus formas, claras y transparentes.

—Irene, Sinsentido no se ve bien. —María había recorrido con sus ojos la separación de los dos mundos y comprobado desconcertada la diferencia entre uno y otro.

—Ni se ve, ni se verá nunca bien —les informó de nuevo la voz misteriosa—. Hace muchos siglos, Sinsentido intentó desenfocar también nuestro mundo, pero evidentemente no lo consiguió. Rabioso por no poder aumentar sus dominios, se dedicó estación tras estación a vaciar de contenido todo el espacio que colindara con su territorio.

—¿Por eso aquí no hay nada?

—Por eso.

Las jóvenes se preguntaban de dónde habría surgido la voz. A lo mejor se escondía en el nuevo tren, aunque su primer vagón parecía herméticamente cerrado. Desde luego, no podía provenir de Sinsentido, porque éste se encontraba unos cuantos metros más allá, los suficientes como para no distinguir claramente sonido alguno. Y sin embargo, a su alrededor no se mostraba nadie.

—Dejad ya de buscarme, parecéis dos patos mareados. Estoy aquí, ¡no me veis! —Las otras prosiguieron su rastreo con más ahínco todavía.— ¡Aquí abajo! ¡Entre los dos trenes!

Entonces lo descubrieron. Era como uno de esos anzuelos que habían visto en el salón de los complementos. Se estiraba todo lo posible hasta unir una máquina con otra.

—A ti te vimos en el compartimento de los complementos.

—Lo dudo mucho, jovencita. —El anzuelo había elegido un tono quejumbroso para contestar a Irene. Ésta no pudo evitar arrugar la cara, extrañada.

—Pues entonces había muchos como tú. —Ahora era María la que intervenía.

—Y tanto. ¿Nunca habéis oído hablar de las conjunciones? —María e Irene asintieron con más o menos convencimiento.—Yo soy una de ellas, pero hay muchas más de distinto tipo. Hoy me ha tocado a mí estar aquí fuera, pero solemos movernos por todos los vagones.

—¿Y para qué servís?

—Unimos.

—¿Simplemente? —La discreción seguía siendo el talón de Aquiles de María. Irene le propinó un codazo.— Quiero decir, ¿qué es eso de unir?

—Unimos palabras, unimos sintagmas, unimos proposiciones. Todo lo que se nos ponga por delante. Mirad, ahora mismo yo estoy uniendo dos oraciones (dos proposiciones), por eso me toca trabajar en el exterior. Pero mis compañeras se lo estarán pasando en grande, ahí dentro. A lo mejor,

Copulativa se encuentra entre dos nombres (vagón **y** pasajero), Adversativa entre dos adjetivos (simpático **pero** serio) y Disyuntiva entre dos pronombres (vosotros **o** yo), vete tú a saber.

—Al oírte hablar así, me vienen a la memoria las preposiciones. De hecho, el profesor Candel las solía nombrar junto a las conjunciones —dijo Irene.

—Es verdad que las preposiciones sirven para relacionar, como nosotras. Pero nos separa algo fundamental: mientras que ellas sólo actúan en el interior de los vagones, nosotras podemos funcionar aquí fuera, encadenando trenes diferentes.

María extendió la mirada a lo largo de los vagones. Uno y otro tren resultaban como dos gotas de agua:

—¿Por qué se han juntado dos trenes tan parecidos?

—Delante de ti tienes una oración compuesta.

—¿Una oración compuesta? No comprendo nada.

—Una oración es compuesta cuando contiene dos o más verbos. Hasta ahora habéis viajado en una oración simple...

—¿Algo así como *María e Irene viajan en tren?* —la interrumpió Irene.

—Efectivamente, esa oración sólo posee un verbo, por lo tanto es simple. En cambio, nosotros proseguiremos ahora el camino en una oración compuesta como *María e Irene viajan en tren y llegan a Sinsentido*. Yo he sido elegida esta vez como encargada de juntar las dos oraciones. Y como soy una conjunción copulativa, este tren contiene proposiciones coordinadas. Por todo nuestro territorio circulan trenes con proposiciones subordinadas y hasta yuxtapuestas.

—De eso nunca nos ha hablado el profesor Candel... —Irene acababa de sentirse perdida.

—Ya os hablará —Regladoiro había surgido detrás de ellas como por arte de magia—, todo a su debido tiempo, amigas. Ahora debéis concentraros solamente en vuestro objetivo, que tenéis ahí delante.

Sinsentido las aguardaba indiferente y sombrío.

—Regla de Oro, ¿cómo llegaremos hasta las preposiciones?

—No lo sé, Irene. —El interventor escrutó los semblantes de las adolescentes.— ¿No iréis a echaros atrás, verdad?

María respondió ofendida:

—No somos unas cobardes.

—De acuerdo, entonces escuchadme bien: Sinsentido debe de conocer vuestra existencia, eso quiere decir que estará esperando con sus esbirros vuestra llegada. El gabinete terapéutico ha estado trabajando hasta la saciedad para procuraros armas de defensa. Tendréis que utilizarlas sólo en los momentos oportunos y en caso de extrema necesidad, porque la munición es escasa.

—¿Y qué armas son esas? —quiso saber María.

—Veamos: aquí hay dos pistolas de líquido corrector, un frasco de acentos con un par de arcos minúsculos para lanzarlos, una única pastilla de la lucidez y... el diccionario.

—¿Un diccionario? —exclamaron al unísono las jóvenes—. ¿Y qué arma es esa?

—Tal vez la más eficaz contra la astucia de Sinsentido. Nunca os alejéis de él, en sus páginas estaremos todas las palabras para prestaros el máximo apoyo. Ya que no podemos entrar por nuestro propio pie en ese bosque irracional, lo haremos impresas y formando significados. Seremos como la cruz para el vampiro...

—O el jabón para los cerdos —lo interrumpió María. El interventor la ojeó, asombrado ante el carácter resuelto de la muchacha.

—¿Por qué una única pastilla de la lucidez y no dos? —cambió de tema Irene.

Regladoiro se mesó los cabellos antes de responder:

—Es la primera vez que preparamos un arma de ese tipo. Hasta ahora no la hemos experimentado con ningún ser vivo. Os podréis imaginar hasta qué punto puede llegar a ser peligrosa. Desconocemos sus efectos secundarios y tan siquiera podemos asegurar su perfecto funcionamiento. Además, para realizarla, el gabinete terapéutico se ha visto en la obligación de reunir materiales de lugares remotísimos. Reproducir una pastilla idéntica a la que os voy a entregar supondría años de trabajo.

—Pero no sabremos en qué momento utilizarla... —protestó María.

—Yo tampoco. Pero tened en cuenta que sólo podréis tomarla en caso de mucho peligro. ¿De acuerdo?

María e Irene se miraron preocupadas. Ahora que el momento decisivo había llegado, se sentían invadidas por la responsabilidad y el miedo. «¿Y si fracasamos?», pensó Irene.

—¿Y si fracasamos? —aventuró al mismo tiempo María.

—Expulsad todo pensamiento negativo de vuestras cabezas... —A pesar de sus palabras de ánimo, las jóvenes insistían con el rostro endurecido. El interventor no tuvo más remedio que añadir:— Si fracasarais, todo nuestro sistema de comunicación se vendría abajo y los humanos verían considerablemente alteradas sus relaciones personales. El mundo comenzaría a dar sus primeros pasos hacia el caos y Sinsentido fortalecería sus planes perversos. Si fracasarais...

—¡No fracasarán! —por una de las ventanillas del primer tren asomó la enorme cabeza de Abstracto.

—¡No fracasarán! —los tentáculos de Colectivo se escaparon un poco más allá.

—¡Desde luego que no! —gritó un adjetivo de humo.

Poco a poco, las palabras fueron inundando todas las ventanillas de los dos trenes en los que viajaban. Animaban con todas sus fuerzas a las dos amigas, entre aplausos y exclamaciones.

Regladoiro abandonó su cortesía habitual para abrazarlas efusivamente:

—Si estuviera en mis manos os acompañaría. Tomad las últimas reglas de piedra, a lo mejor os sirven para conocer mejor a las preposiciones... Ahora, marchaos.

Cruzar la frontera entre la nitidez y la confusión supuso para nuestras protagonistas un primer acto de valentía. Antes de adentrarse en lo borroso, pensaron si también ellas perderían sus formas claras. Con alivio pudieron comprobar que, una vez en suelo de Sinsentido, sus cuerpos conservaban los contornos bien definidos. No repararon, sin embargo, en que esa misma nitidez las hacía destacar en el espacio por el que se adentraban y convertirse en un blanco perfecto para cualquier enemigo.

## LOS RELACIONANTES: PREPOSICIONES Y CONJUNCIONES

• Las **preposiciones** relacionan palabras o grupos de palabras en la oración:

*El miedo* **de** *las jóvenes era mayúsculo.*

No tienen significado léxico sino gramatical.

Las más usuales son: **a, ante, bajo, con, contra, de, desde, en, entre, hacia, hasta, para, por, según, sin, sobre, tras.**

Hablamos también de **locuciones prepositivas** cuando dos o más palabras funcionan como una preposición: **debajo de, antes de, aparte de, a fuerza de, junto a, por culpa de**...

• Las **conjunciones** unen palabras y oraciones. Tampoco tienen significado léxico:

*María* **e** *Irene emprendieron su viaje.*

*María se calló* **pero** *Irene habló.*

Hay veces en que un grupo de palabras funciona como una conjunción y recibe el nombre de **locución conjuntiva**: **no obstante, en el caso de que, en vista de que,** etc.

Las conjunciones y locuciones conjuntivas se clasifican en **coordinantes** o **subordinantes**, según unan **proposiciones coordinadas** o **subordinadas**.

## LA ORACIÓN COMPUESTA: PROPOSICIONES COORDINADAS, SUBORDINADAS Y YUXTAPUESTAS

Cuando en una oración hay más de un verbo, hablamos de **oración compuesta**. A las secuencias que forman la oración compuesta las llamamos **proposiciones**.

- Hablamos de **proposiciones coordinadas** cuando no existe ninguna relación de dependencia entre ellas:

  *Irene reía* ***y*** *cantaba.*

| *Tipos de preoposiciones coordinadas* | *Conjunciones o nexos* | *Ejemplo* |
|---|---|---|
| **copulativas** | Y (e), ni | *María habla e Irene calla.* |
| **disyuntivas** | O (u), o bien | *¿Hablas o callas?* |
| **distributivas** | Ora...ora; ya...ya | *Ora sale, ora entra.* |
| **adversativas** | Pero, excepto, sin embargo, no obstante... | *Es amable, sin embargo no lo parece.* |
| **explicativas** | O sea, esto es, es decir | *Te callas, es decir, me das la razón.* |

• Cuando dos proposiciones van unidas sin que medie una conjunción, decimos que son **proposiciones yuxtapuestas**:

*Ven, corre, no te pares.*

*Se torció un tobillo; no pudo seguir jugando.*

• Cuando dos proposiciones guardan una relación de dependencia entre ellas (una depende de la otra, está subordinada a la principal), hablamos de **proposiciones subordinadas**:

*Quiero* ***que*** *me ayudes.*

Existen tres tipos de proposiciones subordinadas según la función sintáctica que desempeñen:

– **Subordinadas sustantivas** si desempeñan la función de un nombre o pronombre:

*Irene quiere que la ayudes (quiere* ***eso****).*

– **Subordinadas adjetivas** si desempeñan la función de un adjetivo:

*Los relojes que corren rápido triunfan (los relojes* ***veloces****).*

– **Subordinadas adverbiales** si desempeñan la función de un adverbio. Según la circunstancia que expresen, hay de **lugar, tiempo, modo, comparativas, causales, consecutivas, condicionales, finales** y **concesivas**:

*Deja el bastón donde estaba (* ***ahí*** *).*

# X

Sortear las ramas de los árboles supuso una primera prueba para las jóvenes. Cuando conseguían saltar por encima de una raíz gigantesca, tropezaban con una asamblea de hojas reunidas en el suelo. Jorobados como sauces llorones, los árboles se agachaban huyendo del cielo y comiéndose los contornos del camino.

María e Irene avanzaban a trompicones tras la estela de unas bestiecitas grises que aparecían y desaparecían entre el follaje. Ni zorros, ni conejos, ni ardillas... no semejaban ningún animal conocido, pero si alguien les hubiera preguntado, María habría respondido que se trataba de ratas; Irene, en cambio, que eran murciélagos terrestres. Volar, no volaban, pero sus saltos epilépticos, con las patas extendidas como alas, recordaban además los saltos suicidas de las cigarras o las cabriolas de una polilla ávida de luz. Y con todo, el rumbo ondulado que imponían miraba siempre hacia adelante, de modo que esos seres extraños se habían convertido en guías para las jóvenes.

—¿Crees que nos llevarán hasta Sinsentido? —María necesitaba romper el duro silencio del bosque.

—Al menos —contestó Irene— nos conducen hacia algún sitio. Menos da una piedra.

El cansancio estaba a punto de apoderarse de ellas cuando divisaron un claro, lunar diminuto entre tanta oscuridad.

Los animales habían desaparecido por completo y el silencio redoblado su fuerza. La poca luz que surgía del limpio círculo no les impidió advertir que el camino se dividía en varios senderos más estrechos y ennegrecidos. En cada uno de ellos aparecía una señal en la que se podía leer: *A Sinsentido*.

María se plantó, los brazos en jarras:

—¿Y ahora qué?

—Todos los caminos son iguales. Y todos conducen al mismo lugar. ¡Qué más da cuál tomemos!

—Pues vámonos por el de enfrente, así no nos desviamos ni hacia un lado ni hacia el otro. —María arrastró a su compañera, decidida.

Anduvieron un buen rato por un pasillo lleno de guijarros que más parecía empedrado que suelo de bosque. La noche vestía cada árbol que las custodiaba y un miedo de sombra se había instalado en las mochilas de las adolescentes.

—¡Allí! —exclamó María—. ¡Otro claro de luz!

Corrieron con la voluntad más que con las piernas. El esfuerzo resultó más que vano cuando descubrieron atónitas que se trataba del mismo círculo que habían cruzado horas antes. Las mismas sendas nacían de él, los mismos carteles señalaban hacia Sinsentido.

—Hemos elegido el camino equivocado —dedujo María.

Entonces, el orgullo, que no las fuerzas, las empujó hacia otro de los senderos misteriosos. Esta vez eligieron uno de la derecha y se adentraron desconfiadas en él.

El tiempo se había esfumado de sus relojes. ¿Cuántas horas arrastraban en sus piernas? Tras mucho caminar, un nuevo claro de luz se divisaba en la lejanía. Escarmentadas, ya no corrieron. Lo alcanzaron con recelo y comprobaron que sus sospechas eran ciertas: habían regresado al punto de partida.

—¡No puede ser! —Irene estaba desconcertada.

—¿Es que no vamos a salir nunca de este maldito lugar?

Probaron otros dos senderos, pero no sirvió de nada. Al cabo de un largo paréntesis, tornaban al centro del círculo y divisaban las mismas señales. Irene bajó definitivamente los brazos:

—Estamos atrapadas.

—Yo no puedo más —claudicó María—. Tengo hambre y estoy agotada.

—Vamos a descansar un rato, anda. Llevamos comida en las mochilas, aprovechemos para reponer fuerzas.

Irene eligió el árbol más erguido para apoyarse. María, en cambio, se dejó caer encima de una roca plana que invitaba al reposo. Las tablas de piedra pesaban en la mochila. De golpe, su cuerpo se vio envuelto en una luz fosforescente. Asustada, dio un brinco y se apostó al lado de Irene. Sobre la piedra se dibujaba un signo de interrogación, borroso como el resto del paisaje.

—¿Estás viendo lo mismo que yo?

—Esa interrogación no estaba antes ahí —comentó Irene—. Ha aparecido cuando te has apoyado sobre la piedra. ¿Qué significado tendrá?

Se acercó hasta el signo y lo acarició como si del lomo de un gato se tratara. La respuesta no tardó en llegar: la interrogación cedió su puesto a unas líneas que Irene interpretó en voz alta:

*Ocho caminos tienes delante,*
*todos distintos e importantes.*
*Si uno tomas vuelves a empezar,*
*pero si sus nombres adivinas*
*en uno solo se convertirán.*

Después de comprobar que, efectivamente, eran ocho los caminos, las jóvenes se pusieron manos a la obra para intentar descifrar el acertijo.

—Es la llave que nos permitirá continuar —supuso Irene.

—Ocho... —María dudaba—. ¿Ocho qué? ¿Días de la semana? No, sólo hay siete. ¿Meses? Tampoco, son doce. Ni estaciones...

—... que son cuatro. ¿Y si se tratara de planetas? —Irene no sabía a ciencia cierta cuántos planetas había, pero intuía que podían ser ocho.— A ver... Mercurio, Marte, Júpiter, Plutón...

—... Saturno —continuó María—, Venus, Urano y Neptuno. ¡Son ocho, Irene!

—Es verdad. Aquí hay un palo, probemos a escribir sobre la piedra...

A la alegría de las jóvenes siguió la desesperación. Irene había trazado las siete letras que componían el nombre *planeta*, pero nada había cambiado.

Después de un silencio prolongado, María exclamó:

—¡Qué tontas! No hay ocho planetas sino nueve. ¡Nos hemos olvidado de la Tierra!

—Probemos entonces con otra cosa. —Irene se sentó a razonar:— A ver, «todos igual de importantes» quiere decir que si falta alguno los demás se resienten...

—O que todos tienen la misma fuerza, qué sé yo, ofrecen la misma información...

—¡Ya lo tengo! —interrumpió Irene a María, chasqueando los dedos con impaciencia—. Las preposiciones que han desaparecido son imprescindibles para el funcionamiento de una oración. Y si lo piensas bien, hay ocho clases de palabras: el sustantivo, el adjetivo, el determinante, el pronombre, el verbo, el adverbio, las conjunciones y las preposiciones.

—Pero no todas tienen la misma importancia —replicó María.

—Es cierto, unas palabras son léxicas, mientras que las otras gramaticales. Sin embargo, aunque las preposiciones, conjunciones, determinantes y pronombres sólo tengan significado gramatical, no por ello dejan de ocupar un puesto destacado como las primeras. El camino que forman no es ni más ni menos que la oración.

En el preciso instante en que pronunció las últimas palabras, los caminos desaparecieron como espejismos traidores y un único sendero se presentó ante las jóvenes. Irene había dado en el clavo. Ahora sí estaban dispuestas a fiarse del cartel en el que se apretujaban unas letras rocambolescas: «Dirección: Sinsentido».

La noche había convertido el bosque en un baile de sombras multiformes. Los árboles se ocultaban tras sus perfiles y un airecillo coqueteaba con las hojas desafiando al silencio y su reino. María no parecía impresionada por el espectáculo nocturno; Irene, en cambio, susurraba palabras incomprensibles en un diálogo que acababa de entablar consigo misma para esquivar los fantasmas del miedo. María descubrió el malestar de su amiga en sus pasos nerviosos y poco decididos y le dio la mano para animarla.

—Nunca me ha gustado la oscuridad —le confesó Irene—. De pequeña no podía cerrar los ojos hasta que mi hermano me daba la mano desde su cama. Sin su presencia me sentía tan vulnerable que hasta me asustaba mover un solo músculo para no llamar la atención de algún posible visitante extraño.

—¿Qué visitante?

—No lo sé, María. Yo veía formas grises que venían a buscarme una vez que la luz se apagaba. ¿Tú no has estado nunca en mi casa, verdad? Digamos que la atraviesan dos pasillos en forma de uve. Más de una vez me imaginaba acorralada en el cruce por seres que se acercaban con malas intenciones. No eran hombres, ni animales, ya no me acuerdo en realidad, pero me daban tanto miedo que había noches en que despertaba a toda la familia con mis gritos.

—¿Y cómo conseguiste que se te pasara el miedo?

Las jóvenes caminaban a buen ritmo. Sus cuerpos nítidos brillaban como sábanas blancas en medio de tanta sombra oscura. Por eso, tal vez, dos ojos atentos espiaban sin dificultad sus movimientos.

—Rambo se cansó de lo que él llamaba «mis chiquilladas» y se plantó cada noche al borde de la cama.

—¡Qué suerte! —exclamó María.

—Me hacía pensar en algo agradable, ¡qué sé yo!, los maestros, las tartas de cumpleaños, mi programa de televisión preferido...

Irene estaba tan entregada a sus recuerdos, María tan

concentrada en ellos, que no podían imaginar el peligro que se aproximaba a sus espaldas.

—Al principio —continuó Irene— me costaba un mundo dormirme con la luz apagada. Esos visitantes nocturnos se introducían entre mis pensamientos positivos y terminaban por infundirme el miedo de siempre. Pero al cabo de unos días pudieron más mis maestros, mis juegos y las aventuras de los libros que...

—... que los monstruos-fantasma —la cortó María—. ¡Quién tuviera un hermano como el tuyo al lado!

—No te creas, Rambo es un pesado...

—¡Irene!

—Hay veces en que te hace perder los estribos con mucha facilidad...

—¡Ireneeeee!

Desde hacía un buen rato las jóvenes se habían soltado de la mano. Irene no se había dado cuenta de que su compañera estaba clavada en el suelo, unos pasos atrás. Cuando se giró, la piel se le tornó pálida de la impresión: un animal alargado se estaba enrollando entre las piernas de su amiga y ascendía progresivamente hasta alcanzar sus rodillas. María, sin pensárselo dos veces, se había abalanzado hacia el cuello de la serpiente, dispuesta a quitársela de encima lo más rápido posible. Sin embargo, del animal empezaron a surgir palabras que la desarmaron tan pronto se introdujeron por sus oídos:

*—El mundo este de Sinsentido es y pasar no dejaré os porque pedido me ha intrusas metomentodo mi amo contra vosotras mi fuerza que utilice...*

Los brazos de María yacían sin norte sobre el cuerpo retorcido de la hechicera. Irene, a una distancia prudencial, comprendió que su compañera estaba encantada, seducida por el río vertiginoso de vocablos que emitía su oponente. Éste había alcanzado ya la cintura de la muchacha indefensa y se disponía a cubrirle las manos:

*—No sale que de aquí de vosotras ninguna Hipérbato como que me llamo de razón con un palmo...*

Poco le faltaba para perder la lucidez. El rostro entero se le estaba desencajando, la respiración secuestrada, las ideas ausentes, el estómago oprimido por los ritmos rotos de la encantadora. Irene intentó con todas sus energías rescatarla del sueño:

—¡María, resiste!

El grito resucitó por un momento la voluntad enajenada de su amiga. En cuanto supo dónde se hallaba, María atrapó con la única mano libre esa pastilla de la lucidez que en su momento les diera Regladoiro. Estaba dispuesta a tragarla para plantarle cara a la invasora.

—¡No, María, no lo hagas! —Irene se sentía capaz de rechazar al animal, por eso no podía permitir que la otra arriesgara su vida con la misteriosa pastilla—. ¡Déjame a mí!

Mientras tanto, un nuevo baile de palabras había vuelto a hipnotizar a la joven:

*—Antes sin caer mi discurso seguir puede nadie eterno del silencio en el sueño...*

No llegaba aire hasta la garganta de María. La serpiente se había instalado en la casi totalidad de su cuerpo y ejercía una presión insostenible. Irene intervino decidida:

—Mira, Hipérbato, a mí no me engañas, entiendo perfectamente lo que dices: «Nadie puede seguir mi discurso sin caer antes en el sueño del silencio eterno».

La serpiente aflojó su presión sobre María. La intervención de Irene le había sentado como un pisotón en la cola y su cuerpo había disminuido sensiblemente. En un abrir y cerrar de ojos abandonó el espacio en el que estaba afincada para invadir el cuerpo de la propia Irene. Si de los ojos arrojaba tinieblas, de las fauces un nuevo batallón de palabras inconexas se estrelló contra las defensas de la muchacha:

—*Tiempo ha pequeña de aceituna lengua de conocerte que tenía ganas...*

—Hace tiempo que tenía ganas de conocerte, pequeña lengua de aceituna —la repelió imperturbable Irene.

—*Podido ha responder nadie jamás de Sinsentido pócima real de sueño a mis frases ¿medirte acaso engreída osas conmigo?*

—Jamás nadie ha podido responder a mis frases de sueño, pócima real de Sinsentido. ¿Osas acaso medirte conmigo?

María, recuperada ya del abrazo amargo, asistía expectante a la batalla sin cuartel. Estaba admirada de la capacidad de su amiga para descifrar los embrollos de la serpiente. Ésta había encogido considerablemente desde que Irene se hubiera convertido en un espejo que reflejara las expresiones de su adversaria.

—*Seguirás no me ahora porque seguro seguir si me sabes tropezarás dado que en un momento ¿sigues me o me seguir sin sigues?*

Unos segundos de más dilapidó Irene para contestar a la serpiente. Por fin respondió triunfante:

—Ahora no me seguirás porque si me sabes seguir seguro que en un momento dado tropezarás. ¿Me sigues o sigues sin seguirme?

El animal retrocedió espantado. Su cuerpo no medía ahora más que unos centímetros. ¿Dónde quedaban los majestuosos metros de escama y plata que unos momentos antes habían asaltado a María? Con un hilo de voz más propio de un ratoncito que de un reptil venenoso, exclamó:

—*¡Daño siempre haré te con mis palabras de mí fuera aléjate!*

Irene miró desde lo alto a la culebrilla infeliz y le soltó:

—¡Siempre te haré daño con mis palabras! ¡Aléjate de mí!

Un gusano diminuto se retorcía impaciente ante las miradas todavía excitadas de las muchachas. María sacó de su mochila un pequeño bote de cristal, que utilizaba a menudo en ciencias naturales para guardar sus insectos y encerró en él lo que quedaba de la antigua serpiente.

—De buena nos hemos librado —le dijo a Irene—. ¿Cómo lo has hecho?

—¿Hacer qué?

—Pues eso, saber lo que decía éste —dijo señalando de reojo al animal encarcelado.

—Siempre me han gustado las palabras. Las he escuchado encontrarse y desencontrarse entre las páginas de los libros. Enamorarse en los poemas, discutir en las obras de teatro. Hasta las he seguido en los labios de los actores. Héctor me dejó hace unos días un libro de poesías antiguas. En ellas hay versos retorcidos, como las frases de la serpiente. Al principio me costaba leerlos, pero una se habitúa pronto a su ritmo...

María bajó la vista avergonzada. Irene se dio cuenta y se interesó por su reacción.

—Irene —confesó—, he sido una idiota...

—¿Qué estás diciendo?

—Escucha... en el colegio me he reído muchas veces de ti.

El rostro de Irene trazó un crepúsculo de silencio. María prosiguió mientras continuaban el camino como dos autómatas:

—Mira, siempre te he visto como un bicho raro. Te sentabas con tus libros en cualquier rincón del patio y... ¡yo qué sé! Me daba mal rollo. Bueno, eso, que he sido imbécil y que me perdones.

Irene callaba. Callaba y pensaba. Héctor acudió a su mente, nítido por vez primera. ¿Por qué negarlo? ¡Claro que le gustaba! ¿Tendría el valor de decírselo? Seguro que María la ayudaría...

—Gracias a tus libros —continuó María— nos hemos salvado de esa serpiente. Yo nunca he entendido qué veías en ellos. Creía que te perdías un montón de cosas, ahí sola, más sola que la una...

¿Por qué negar lo que era obvio? Siempre había deseado encontrarse en la cola del comedor con él. ¿Sólo por estar acompañada por alguien y salvar así las miradas de los compañeros? No, claro que no. Porque tenían gustos parecidos y porque además lo encontraba muy atractivo...

—Irene, ¿me dejarás alguno de tus libros? Pero que no sea muy gordo, ¿vale?

—Tengo uno que te encantará, seguro. Trata de una chica, de nuestra edad más o menos, que... Oye, María, ¿de verdad que sabes ligar con los chicos?

Las dos se miraron cómplices. Tal vez el camino fuera largo y tuvieran tiempo para descubrirse secretos inconfesados. Por lo pronto, ante ellas se perfilaba una línea recta siempre borrosa, impresionista, como la imagen de un televisor sin antena.

Tras muchas horas de camino, entre palabras y resoplidos, llegaron por fin ante la morada de Sinsentido.

—¿Ves?, te dije que Sinsentido viviría en un palacio —rió burlona María.

—Y te equivocaste, porque esto no es un palacio. ¡Es un castillo!

—¡Anda ya!

—¿No? —Irene conocía al dedillo la diferencia entre las rudas fortificaciones y los palacios habitados por delicados príncipes y princesas. En sus libros se había encontrado con todo tipo de construcciones, descritas a veces con una minuciosidad cansina. En alguna ocasión había incluso llegado a pensar que conocía lugares que sus propios ojos jamás alcanzarían.— Un palacio nunca estaría rodeado por un cinturón de agua. ¿No ves que para acceder a él es necesario un puente levadizo?

María miró hacia arriba con la boca a medio cerrar:

—Pues es verdad. ¿Y cómo pasaremos nosotras?

Su amiga, desde luego, no conocía la respuesta:

—Vamos a esperar a ver qué ocurre. Recuerda que Sinsentido conoce nuestra presencia aquí. A lo mejor es él quien nos deja pasar para que negociemos...

María se volvió, incrédula, hacia su compañera. Si hasta ese momento el dueño del castillo no se había adelantado a recibirlas, era poco probable que les facilitara el acceso:

—Si Sinsentido ha intentado impedir por todos los medios que lleguemos hasta aquí, dudo mucho de que nos abra ahora los brazos como si fuéramos amigos de toda la vida. ¿O ya no te acuerdas de los ocho caminos y de la serpiente Hipérbato? Yo haría todo lo posible por entrar, Irene. A lo mejor nos encontramos con las preposiciones solas y podemos escapar con ellas sin que nadie se dé cuenta...

—O a lo mejor viene un hada madrina y nos convierte en corderitos —la interrumpió Irene con sorna. Pensó, sin embargo, que su amiga tenía probablemente razón y que lo mejor sería encontrar el modo de atravesar el canal.

El edificio de piedra se alzaba imponente frente a las muchachas. Parecía fabricado a partir de rectángulos superpuestos de forma desigual. Un rompecabezas cuyas piezas encajaban por azar. De haber estado colocadas de otro modo, el conjunto hubiese respirado la misma sensación de desequilibrio y duda.

Rodearon el fuerte fijando los ojos en cada detalle, por nimio que resultara. A diferencia de los castillos tradicionales, aquél contaba con cuatro puentes levadizos, herméticamente cerrados. Sobre sus lomos descansaban signos que ninguna de las dos jóvenes conocía. Por sus tonos sombríos más parecían huecos apolillados de la madera, distribuidos artísticamente, que inscripciones forjadas a propósito. Admiró a las muchachas el que no se atisbara ventana alguna, el mínimo respiradero, ni siquiera pequeños rosetones que regalaran cromatismos diagonales en el interior.

—¡Mira allá arriba! —señaló María—. Son gárgolas.

No había almenas, pero sí gárgolas. Gárgolas distribuidas por parejas, en actitud combativa. Negras gárgolas deformadas, miserables, con alas semicaídas, que más parecían mendigos de piedra con el hambre congelada por el paso de los siglos . Sus expresiones resumían el sufrimiento, sus cuerpos competían en miseria y desnudez con la mismísima muerte.

Tras mucho observarlas, Irene descubrió en sus contornos la forma de unas palabras. Al inicio pensó que se trataba de asociaciones fantasiosas, como cuando uno se entretiene buscando una nube en forma de corazón o de dinosaurio, pero terminó por asumir que no la engañaba su imaginación. Para corroborar sus impresiones buscó el apoyo de María:

—Mira esas dos. ¿No te parece que forman dos palabras iguales?

María hizo un esfuerzo por discernir esas presuntas palabras entre lo borroso:

—Ya las veo. Sí, son dos *DE*.

—Y al lado hay otras dos que representan *TE*. ¡Qué feas son!

Giraron alrededor de la fortificación de nuevo y observaron que cada par de gárgolas remitía a una palabra enfrentada consigo misma. *TE TE, DE DE* convivían con *SE SE, MI MI, SI SI* y *EL EL.*

—¿Qué tipo de palabras crees tú que son éstas?

—¿A qué te refieres?

Irene volvió a dirigir su mirada hacia lo alto. Una idea luminosa crecía poco a poco en su interior:

—Son palabras monosílabas; se llaman así porque se componen de una sola sílaba.

—Oye, que no soy tonta; eso ya lo sabía —protestó María.

—¿Y sabías que no llevan nunca acento a menos que exista una forma idéntica que pueda confundirse con ellas?

—Claro, el acento permite diferenciarlas, ya me acuerdo. Yo siempre escribo *más* sin acento y al profesor Candel le entra siempre la neura de que... ¿cómo era?

—El *más* de cantidad siempre lleva acento, el otro *mas* significa 'pero'.

—¡Eso! —María advirtió que su compañera extraía de la mochila el arco y los acentos que les había entregado Regladoiro. Confundida, preguntó:— ¿Para qué sacas esas cosas?

—¿Tienes puntería? —Irene estaba tan segura de lo que hacía que ni siquiera se había tomado el tiempo de explicárselo a la otra.

—¿No irás a lanzar eso?

—María, si esos pares de gárgolas tienen la forma de dos palabras monosílabas iguales, una de ellas debe llevar acento.

—En el mundo de Sinsentido, no —afirmó María.

—Precisamente. —Irene apuntaba ya su arco hacia el cielo.— Veamos qué ocurre si ordenamos un poco este desbarajuste. A ver, si le doy a ese *TE* y lo convierto en un sustantivo en vez de un pronombre...

Falló el primer tiro, falló el segundo, pero a la tercera su flecha se incrustó en la *E* transformando la gárgola en *TÉ*. Nada sucedió, sin embargo.

—Bueno, al menos diferenciamos el *TÉ*, la infusión, del pronombre *TE*. —Irene parecía desilusionada. Con su acción había pretendido lograr algún cambio significativo en ese castillo, pero acababa de darse cuenta de que su idea no se sostenía.

María, más por diversión que por otra cosa, tomó su arco y apuntó hacia *DE DE*:

—Ya verás cómo acierto a la primera. Me encanta el tiro al blanco... Por cierto, ¿qué diferencia al *DE* sin acento del *DÉ* con acento? El primero es una preposición, de eso estoy segura.

—El segundo es una forma del verbo *dar* —explicó Irene, ya más animada.

Las dos giraron en torno al castillo disparando todos sus acentos a las gárgolas gemelas. *ÉL* se convirtió en un pronombre personal frente al artículo *EL*, *SÍ* pasó a ser un adverbio de afirmación y no la conjunción *SI*.

Cuando la última gárgola, *MÍ*, dejó de ser determinante posesivo para constituirse en pronombre, un temblor sacudió todo el castillo. Tal era su magnitud que las jóvenes se vieron obligadas a abrazarse pensando que se las tragaba la tierra entera. Ocurrió que los cuatro puentes levadizos bostezaron a la vez, abriendo sus grandes mandíbulas y dejando libre la entrada a la fortaleza. El entrechocarse de cadenas, el rugido de la madera chirriante y la humareda de polvo que despedía aquélla no ofrecían ninguna duda: hacía mucho tiempo que nadie había pasado por allí.

—O este castillo está abandonado o hay truco. ¿Tú has visto qué cantidad de telarañas, Irene? Por aquí no ha entrado nadie en cien años.

A pesar de las inmensas telarañas, verdaderas cortinas transparentes, las dos amigas cruzaron uno de los puentes temiendo que en cualquier momento cediera su base. Afortunadamente, pudieron introducirse en el castillo sin más enemigo que su propio miedo.

—Ahora sólo faltaría que las puertas se cerraran, como en las películas —bromeó María.

—O como en los cuentos —la secundó Irene.

Y como en las películas o los cuentos, las cuatro tablas gigantes se cerraron a sus espaldas, dejándolas a oscuras y con el silencio como único espejo de misterio.

## XI

—No veo nada. —Irene se apretujó contra su compañera. El mínimo ruido la empequeñecía.— Menuda heroína estoy hecha. No sé cómo dejé que las palabras del tren contasen conmigo.

—No digas tonterías. Sabes perfectamente que estamos en este castillo gracias a ti.

—¿Cómo vamos a orientarnos? Regla de Oro no nos dio ninguna linterna.

—Ni una mísera cerilla. —María había empezado a palpar las paredes. Su tacto rugoso y frío le producía un asco mayor incluso que el de aquellas cucarachas del tren de la oración. A pesar de todo sabía que caminar de esa forma era la única manera de alcanzar un lugar reconocible.— No te preocupes, Irene. Aquí no hay fantasmas, seguro.

Irene se aferró al brazo de su amiga y confió en su valentía. Avanzaron con dificultad, acechando el mínimo movimiento de la oscuridad. La una se esforzaba por reconocer formas familiares, la otra descifraba los contornos asombrados que se superponían en lo negro.

—¡Allí, María! —exclamó Irene—. Creo que hay una luz.

Provenía del suelo y más parecía reflejo proyectado que desnuda claridad. Pero, ¿qué clase de reflejo? Sabían que el castillo carecía de ventanas, claraboyas, vidrieras o cualquier tipo de tragaluz. ¿De dónde habría nacido entonces el reflejo? A medida que fueron avanzando, notaron que la luz se imprimía en la superficie como una cicatriz de trazo perfecto.

—Debajo de esa trampilla hay vida. Vamos.

Levantaron la trampilla estirando con todas sus fuerzas de un aro metálico que sobresalía de la madera. A sus pies caracoleaban unos peldaños hacia el infinito. No conocían el infierno pero aquello les hizo pensar en él: antorchas orgullosas despedían brasas danzantes a uno y otro lado de las escaleras. La claridad era ya absoluta, eso sí, teñida de presagios rojizos y amarillos decrépitos.

El descenso se cobró más de un susto. Las jóvenes tropezaban con su propia cautela, de tan lentas que iban descomponían a ratos sus gestos.

—Adelante, sólo nos quedan cuatro escalones. —Cuando Irene pronunció tales palabras de ánimo no había descubierto todavía el bulto encapuchado que las esperaba abajo.

Los brazos cruzados en actitud desafiante, aguardaba con tal seguridad que hasta miedo daba hablarle. A pesar de todo, María, detenida en el antepenúltimo peldaño, le espetó:

—Tú eres el que robó el esférico del tiempo.

El otro no abrió la boca. Se limitó a asentir con un movimiento enérgico de la capucha. A María no le había resultado difícil reconocer al ladrón. El mismo embozo que lo ocultaba lo descubría. No era fácil olvidarse de un capuchón tan particular, con esa punta tortuosa a modo de bufón de feria.

La joven volvió a la carga:

—Entonces eres una palabra.

De nuevo asintió el enmascarado. Pero sus labios no despedían sonido alguno.

—Pero si eres una palabra no puedes estar en este mundo. —Irene recordaba lo que en su momento le contara el interventor. A ninguna palabra le era posible cruzar Sinsentido sin quedar literalmente borrada. Sólo había dos formas de poder sobrevivir en esos dominios: o bien difuminado, sin contornos claros, o bien dormido, cuidando bien de no despertar en semejante atmósfera yerta. De hecho, la gran esperanza de Regladoiro y de todo el tren de la Oración era que las preposiciones estuvieran constantemente dormidas. Sólo así lograrían salvarse.

—Te apuesto lo que quieras a que no es una palabra, Irene. Es un mentiroso. —María no sabía qué la arrastraba a actuar de esa forma, pero intuía que la provocación haría reaccionar al encapuchado.

Y no se equivocó. Mudo como hasta ese instante, el otro estiró con fiereza la capucha hacia arriba y descubrió el semblante orgulloso de un viejo conocido de las jóvenes.

—¡Indeterminado! —soltaron al unísono María e Irene. No les fue fácil reconocerlo a la primera. Había adelgazado una cantidad considerable de quilos y conservaba la tez tersa y suave. ¿Cuántos años se había quitado de encima?

—¡Qué joven se te ve! ¡Y qué guapo! —María parecía haber olvidado que su antiguo amigo se había convertido en un esbirro más de Sinsentido. Intentó adelantarse para saludarlo pero el otro la detuvo con un gesto amenazador:

—*¡Alto ahí, microbio! Este menda no te deja dar un paso más, ¿capiscas?*

Irene y María no podían creer lo que estaban oyendo. ¿Por qué hablaba con esa jerga?

—*¿Es que tengo monos en la cara o qué?* —continuó Indeterminado.

—¿Qué te han hecho? —preguntó María desconcertada.

—*Al nene no le han hecho nasti de plasti. El nene es ya mayorcito para que le anden tocando las narices con preguntas de mocosas. Cortad el rollo y, ¡hala!, a rezar, que os queda un pelín de vida...*

A medida que el artículo hablaba, las muchachas empezaron a notar cómo bajo sus pies aparecían unas grietas finísimas que surcaban las gradas. María había retrocedido hasta el peldaño de Irene; las dos contemplaron atónitas el progresivo deterioro del tercer escalón hasta su total destrucción. Arriba, la trampilla por la que habían accedido un momento antes, se había cerrado misteriosamente, de modo que la única salida estaba en manos del que seguía hablándoles con tono despectivo:

—*¡Mirad al menda! Me he vuelto un chorbo, colegas. A ver ahora si Determinado le mola más que yo a mi beibi.*

El cuarto escalón también cedió. Se derretía al calor de las palabras del artículo. Las adolescentes subieron asustadas hacia la trampilla. Intentaron abrirla pero fue inútil.

—María —le susurró Irene—, la fuerza de Indeterminado radica en su modo de hablar, de eso estoy segura. Tenemos que hacerle callar o encontrar la forma de que no destruya más la escalera.

—¿Cómo?

—No tengo ni idea.

—*¿Qué estáis chamullando?* —rugió desde abajo el artículo—. *¿Queréis saber por qué me he vuelto un pibe guaperas? Sinsentido se enrolló a tope. Él sí que es un verdadero bróder...*

Otro peldaño cedió. Y otro, y otro más. «Nos quiere aniquilar con sus palabras —pensó Irene—. Habla y habla para que se caiga toda la escalera y nos estampemos.»

—*...un verdadero bróder, sí señor. Él me prometió que A sería mi chorba. Primero tenía que chorizarla con las otras preposiciones... luego mangar la bola del tiempo esa... y por fin me endiñó el elixir éste de la juventud...*

—...del argot, diría yo. —Irene intentó sonsacarle información. No les quedaba mucho tiempo. Sólo tres peldaños más y caerían al vacío. A Indeterminado no le importaba revelar cualquier dato, tan seguro estaba de sus poderes:

—*Sí, en cuanto me largó la pócima, empecé a rajar de este modo, y cuanto más rajaba más joven me hacía, más machote, más satánico...*

—¡Irene, que nos vamos a caer! —El grito de María terminó de formatear el plan que en silencio estaba tramando su amiga.

—María, dame el diccionario, ¡rápido!

—*...mi fuerza está en mis palabras, cuanto más vulgares, más machote y guaperas es uno...*

Mientras que Indeterminado pronunciaba su última frase, descalabrando el penúltimo peldaño sano, Irene había ojeado a gran velocidad el diccionario y retenido en su mente una oración que declamó con lentitud, saboreando cada una de sus letras:

—Atiende, vocablo aleve: tus metaplasmos descorteses no truncarán nuestra voluntad, nuestros más caros anhelos de exonerar a las preposiciones de su cautiverio.

Un espectador imparcial no hubiera sido capaz de decidir qué semblante se había quedado más pasmado, si el del artículo indeterminado o el de la propia María, que miraba a su compañera como si estuviera loca. Y, con todo, el plan de Irene había dado sus frutos: dos escalones se habían reconstruido alentados por las elegantes palabras de la joven. Al mismo tiempo, Indeterminado había cobrado una expresión sombría y madura, además de algún quilo en el vientre. La rabia lo contaminó. Extendió los brazos en cruz sobre su cabeza y lanzó términos al aire como dardos envenenados:

—¡*Ni hablar del peluquín, puñetera! ¡Quédate con mi jeta, porque es lo último que vas a junar en tu asquerosa vida!*

Pero Irene manejaba el diccionario a la velocidad del rayo y podía contrarrestar las palabras de su adversario con vocablos cultos y una decisión hercúlea:

—¡Soberbio, arrogante, sigila tu infortunada dicción! Retorna a la morada que te ofreció cobijo y dilección.

Si el artículo destruía un peldaño, Irene reconstruía dos. Por eso, Indeterminado la asaltó irritado escupiendo todo aquello que se le pasara por la cabeza:

—*¡Basca, lapo, gasofa, rachí, neura, peta, narigo!*

La otra no se quedó a la zaga:

—¡Tropel, esputo, acetileno, crepúsculo, melancólico, emboquillado, narina! Y además: ¡ególatra, oriundo e indolente!

Las muchachas bajaban por la escalera a medida que sus peldaños se iban reconstruyendo. Indeterminado empezaba a retroceder, asustado ante la metamorfosis que experimentaba: primero se tapó con unas manos llenas de arrugas y de manchas marrones; luego se palpó la cara y el cuello para descubrir un tacto blanduzco muy desagradable; terminó por extraer un espejo minúsculo que siempre llevaba consigo para admirar su antigua belleza. El resultado no pudo ser más lastimoso:

—*¡Alucino pepinos por un tubo! ¿Qué me está pasando? Tendría que haberme olido la tostada, esta pava me está haciendo fosfatina...*

Las palabras del artículo iban perdiendo fuerza a medida que éste envejecía. Irene contempló serena las tímidas grietas que surcaban el escalón. Sabía, sin embargo, que debía terminar con su contrincante antes de que se recuperara. Sacó todas las fuerzas posibles e intentó poner fin a la agonía de Indeterminado:

—¡Laxo, melindroso, circunspecto!

La piel se adosó al artículo como si fuese a secarse de golpe. María no pudo ya reconocerlo, por eso se cubrió el rostro con ambas manos, presa del asco. Irene se tapó también los ojos con el diccionario: además de arma le servía de escudo.

—*¡Sinsentido! ¡Ayúdame, Sinsentido!* —Se había arrodillado y extendía un brazo exiguo al vacío.

—¿Supones que comparecerá *ipso facto?* Iluso, crédulo, fanático...

—*¡No, palabras esdrújulas no! ¡Palabras...!* —No le fue posible continuar. De Indeterminado sólo quedó un esqueleto que movía la mandíbula y giraba la calavera de izquierda a derecha y de derecha a izquierda, fruto del impulso que tomara hacía un rato.

—¡Qué fin tan triste! —comentó desolada María.

—El que se ha procurado con su avaricia y egoísmo, supongo. —Irene apretaba con energía el diccionario. Se acordaba de las palabras del tren de la oración y les agradecía su apoyo silencioso.— No estamos solas, María.

—¿Ah, no?

—No. Todas las palabras nos acompañan. Aquí están Concreto y Abstracto, Sustancio, Posesivo, Determinado y todas las demás. Hasta ahora no había comprendido lo importante que puede llegar a ser un diccionario.

—Irene, ¿qué harán en el tren sin Indeterminado? ¿Cómo se comunicarán los humanos?

—Lo ignoro. Espero que algún día podamos preguntárselo al interventor.

Acababan de abandonar las escaleras. Al girar por un pasillo suficientemente iluminado, descubrieron una estancia descomunal en cuyo centro pendía una jaula dorada.

—Irene, ¡las preposiciones!

Allí estaban, efectivamente. Agarrada cada una a un barrote, contemplaban el infinito más oscuro a través de unos antifaces negros. No podían ver nada. Eso las martirizaba pero al mismo tiempo era su salvación. Si hubieran podido ver el mundo de Sinsentido no lo hubieran contado.

La jaula se sostenía en el aire gracias a dos cables cruzados sujetos al techo. Una caldera gigantesca aguardaba impaciente abajo. El resto de la cámara se presentaba completamente vacío.

—¿Cómo las vamos a sacar de ahí? —se preguntó en voz alta María.

Por única respuesta recibió un chorro de tinta que se fue a estrellar contra su hombro izquierdo. La mancha le escoció tanto que se lanzó al suelo. Otros chorros pasaron a la velocidad de la luz cerca de ellas.

—¡Retírate, María! ¡Nos están atacando!

Eran Tachón y Errata, los más fieles esbirros de Sinsentido. Habían estado esperando con impaciencia la llegada de nuestras protagonistas. Desde su puesto de centinelas de las preposiciones, habían seguido paso a paso las diferentes pruebas con las que se habían topado las dos jóvenes. A través de unas pantallas circulares se habían entretenido como dos forofos viendo los sucesivos combates: el claro de los ocho caminos, la serpiente Hipérbato, las gárgolas monosilábicas, el argot de Indeterminado. Aunque admiraban en secreto la pericia de Irene y el carácter resuelto de María, estaban absolutamente convencidos de que contra ellos nada podían las muchachas.

Las preposiciones también conocían a María e Irene. Como si de una emisión radiofónica se tratara, Tachón y Errata les habían ido relatando los sucesos detalle a detalle. Cada una había forjado en su mente una imagen particular de sus heroínas. Representaban la única esperanza de abandonar su prisión, de sortear un final incierto.

La tinta de Tachón era corrosiva. El hombro de María se presentaba completamente ennegrecido e inmovilizado. Afortunadamente, podía empuñar con la mano derecha su pistola de líquido corrector. Regueros de tinta blanca y negra intercambiaron sus credenciales. Las preposiciones movían de lado a lado sus cabezas al son de los disparos. Suerte que un cristal transparente las protegía del fuego cruzado. María alcanzó a Errata consiguiendo hincarla por un momento en el suelo. Aún así, las dos sombras se desplazaban con agilidad y resultaban muy peligrosas.

—¡Me han dado! —Irene tuvo que soltar la pistola. Un redondel oscuro se extendió sobre el torso de su mano dolorida.

—Ponte detrás de mí. Yo les haré frente.

El coraje de María no parecía suficiente en contienda tan desigual. En su pistola no quedaba ya demasiado líquido corrector. Tachón y Errata, en cambio, extraían de sus propios cuerpos la tinta necesaria.

Pasaron minutos interminables antes de que la última gota expirara en el arma de la joven. No tuvieron más remedio que alzar los brazos y rendirse. Se miraron impotentes y con los dientes apretados dejaron su suerte en manos de un destino nebuloso.

Fue entonces cuando oyeron por vez primera la voz de Sinsentido. Una carcajada larga y profunda las confundió:

—¡Ja, ja, ja! Bienvenidas a mi humilde morada, gatitas salvajes. Enhorabuena por vuestro ardor y brío. Lástima que seamos enemigos. Hubierais resultado unas excelentes aliadas.

Tachón y Errata las apuntaban con sus extremidades negruzcas. No hizo falta amordazarlas. A petición del jefe, unos seres multiformes acercaron dos sillones de amplio respaldo y colocaron en ellos a las jóvenes. Acto seguido, vistieron la enorme habitación con todo tipo de muebles y decorados. Irene y María no ocultaron su asombro ante una maniobra tan rápida como imprevista.

—Gomas de borrar, eliminad todas las manchas de las paredes. No quiero ver ni rastro de la batalla. Nuestras invitadas se merecen un trato de princesas. —La voz de Sinsentido surgía de todas partes y se filtraba en los oídos con una suavidad aterciopelada.

Las gomas se pusieron manos a la obra; en un abrir y cerrar de ojos no quedó ni rastro de la pelea anterior.

—Ahora sí podemos platicar tranquilamente —medio susurró la voz—. ¿Deseáis saber algo en particular? Estaría encantado de poder contestar a cualquier pregunta que me formuléis.

María miró a Irene expectante. Estaba convencida de que su amiga se pondría a la altura de las circunstancias y retaría a ese ser indefinido. Irene, ante la insistencia de la otra, probó:

—¿Por qué has utilizado de esa forma a Indeterminado? ¿Qué ha sido de él?

—¡Ay, Indeterminado! Pobre infeliz. Cuando uno es débil, se puede sacar mucho provecho. No te preocupes, ahora mismo estará entre las palabras, con sus quilos de más y su envidia verde y muda hacia Determinado.

—¿Entonces no está muerto?

—María, en nuestro mundo hay cosas peores que lo que vosotros llamáis «muerte». La vergüenza y el descrédito son más indignos que cualquier otra experiencia. Indeterminado está condenado a padecer la más triste de las soledades...

—¡Por tu culpa! —cortó María, indignada.

—No te lo discuto —contestó Sinsentido—. Aunque seguro que Irene estará de acuerdo conmigo en que también su ambición y egoísmo le llevó a traicionaros.

—No creo que pueda estar nunca de acuerdo contigo —sentenció Irene.

—Ya veremos, ya veremos... —Un silencio se incrustó en la estancia. Al cabo de un rato, Sinsentido volvió a intervenir:— ¡Ah, os saludo, preposiciones! ¿Cómo estamos hoy? ¿No les decís nada a vuestras salvadoras?

Ante la ironía de la voz, las palabras agacharon la cabeza descorazonadas. Irene estalló:

—¿Qué pretendes hacer con ellas?

—Eso depende de ti, jovencita. Su destino está en tus manos. —Como girasoles en pleno mes de agosto las preposiciones entornaron sus rostros ciegos en dirección a Irene.

—¿Qué quieres decir?

—Te voy a proponer una última oportunidad de salvar a tus amiguitas, y a ti también, por supuesto. Pero antes, que alguien dé algo de beber a nuestras invitadas. Estaréis sedientas.

Al instante se presentaron dos gomas de borrar con otras tantas copas en la mano y se las ofrecieron a las jóvenes. Irene dio un largo trago, tenía la lengua seca. María, en cambio, se limitó a mojarse los labios. Un ligero recelo se apoderó de ella al llevarse la bebida a la boca.

—Muy bien, Irene. Te propongo un acertijo. Si lo resuelves, te juro por mi primo y señor, Silencio, que las preposiciones volverán a su querido tren, y que vosotras dos podréis regresar a vuestro mundo.

—¿Y si no lo resuelve? —se precipitó María.

—Si no lo resuelve, pequeña, las preposiciones nadarán en nuestro Líquido de la Insensibilidad y se convertirán en las animadoras borrosas más célebres de todo Sinsentido. Claro que para vosotras reservo algo más suculento.

—¿Como por ejemplo?

—Trabajaréis para mí en vuestro mundo. Hay allí demasiado orden y sentido. Son dos vocablos que me irritan a más no poder. De hecho, como sé de antemano que no resolverás, Irene, el acertijo, tengo todo el plan trazado. Te prometo hacerte cónsul honorario de tu mundo. ¿Sí?

—Adelante con el acertijo —atajó Irene llevándose una mano a la boca. Un extraño sueño empezaba a pasearse por su cabeza.

Se apagaron las luces de las antorchas. Sólo quedó iluminada la cárcel de cristal y hierro que albergaba a las preposiciones. Sobre sus cuatro lados aparecieron iluminadas cinco oraciones contundentes:

*Mi cabeza es una familia de lo más vulgar.*
*Sin el corazón llegamos a la descoordinación.*
*Sobre mi tronco pasea la mantis religiosa del alfabeto.*
*Mi cola es la noción sin negación.*
*La solución es el blanco de nuestra confabulación.*

Las jóvenes se miraron asombradas. Irene apuró su copa. María dio un trago para darse ánimo. Que a su compañera no le hubiese pasado nada era señal de que el brebaje que estaban bebiendo no contenía ningún agente extraño.

—Veamos —planteó Irene —, ¿cómo describirías tú a una mantis religiosa, María?

—Fea, muy fea.

—Sí, pero eso no nos da ninguna pista. No creo que haya una letra del alfabeto más fea que las demás...

—Pues a mí la *w* me parece horrible.

Irene la miró con cara de pocos amigos. No tenían tiempo que perder. Notaba que cada vez estaba más débil y no se explicaba el motivo. La cabeza le pesaba como una losa.

—La mantis religiosa es un insecto que casi siempre está erguido. Por lo tanto tenemos que buscar letras altas. —La cabeza empezaba a darle vueltas. A duras penas podía mantener la concentración. Aún así, pensó desesperada en las letras que buscaba.— La *b,* la *d*, la *f,* la *h*...

—La *k*, la *l*, y la *t* —prosiguió María.

—Muy bien. ¿Alguna de ellas podría parecerse a una religiosa?

María empezaba también a notar un ligero mareo. Pensó que los nervios y la tensión le estaban jugando una mala pasada. Sobreponiéndose a tales sensaciones, comentó:

—Yo descartaría la *b*, la *d* y la *h*. Son demasiado gordas. Y una mantis es muy flaca.

—Estoy de acuerdo. Entonces nos quedan la *l*, la *k*, la *f* y la *t*.

—Yo diría que es la *l* —sentenció María.

—¿Por qué?

—Es la más delgada de todas las letras.

—No creo que sea una razón de peso. —Irene sentía que en la boca se le estaba formando una pasta. A duras penas podía articular palabra. «Un esfuerzo, tengo que hacer un esfuerzo —pensó—. Si no, estamos perdidas».— Me parece que es la *k*. Delgada como la *l*, tiene además dos extremidades que recuerdan las patas de una religiosa.

—Oye, es verdad. ¡Qué buena eres, Irene!

—No sé si voy a poder seguir...

—Irene, ¡no abandones, por favor!

Irene se sujetaba los ojos con las dos manos para no cerrarlos definitivamente:

—¿Cuáles son las partículas de la negación? *No* y *ni*.

—¿Y qué hacemos con eso?

—*Noción* sin *no* da como resultado *ción*. ¡Claro, se trata de sílabas! —y se durmió. María apenas podía creer lo que estaba viendo: Irene estaba completamente inmóvil, con la cabeza recostada plácidamente sobre el respaldo del sillón.

—¡Irene! —zarandeó con frenesí a su amiga, pero ésta no daba señales de vida—. ¡Ireneeee, no me dejes sola, por favor! ¡Ahora no!

La voz de Sinsentido irrumpió con fuerza:

—¡Ja, ja, ja, nuestra heroína se ha dormido en medio de la escena principal! ¡Qué lástima!

Las preposiciones parecían almas en pena. Daban vueltas a ciegas a lo largo de la celda.

—Date por vencida, jovencita. Te falta poco para caer tú también en un sueño profundo. Mi Elixir del Letargo ha funcionado a las mil maravillas.

—¡Sinvergüenza! —exclamó María—. Has vuelto a jugar sucio. Antes de dormirme intentaré averiguar el acertijo.

—¿Tú? —preguntó socarrón Sinsentido—. No me hagas reír. Si no tienes ni la más remota idea de Lengua, infeliz.

María no se molestó en contestar a la voz. Sabía que le quedaba poco tiempo antes de seguir los pasos de su amiga. Intentó concentrarse. «Irene ha hablado de sílabas... a ver, *ción* es una sílaba, pero, ¿dónde están las otras? *K* es una letra... me duele la cabeza y tengo sueño... no lo voy a conseguir... *k* es una letra... *k, k,*... a menos que... sí, *ca* también es una sílaba... no puedo más, me duermo... lo siento, Regla de Oro, te hemos fallado... Regla de Oro... ¡la pastilla de la lucidez! ¿Cómo no había pensado antes en ella?

Extrajo con las últimas fuerzas que le quedaban la imprevisible pastilla y se la llevó a la boca sin pensárselo dos veces. «Si estuviese despierta Irene para gritarme que no me la tomara, como hizo con la serpiente Hipérbato», pensó mirando hacia su compañera ausente. De repente un brío insólito la recorrió de los pies a la cabeza. Se sentía estupendamente y con todas la energía del mundo.

«Pensemos con calma. Dos sílabas, *ción* y *ca*. ¿Dónde colocarlas? ¡Ya! La cola es lo último, por lo tanto *ción* irá al final. Y el tronco va justo antes, ¡claro! *Cación*. He de encontrar al menos una sílaba más... la segunda no la entiendo la mire por donde la mire... a ver la primera...»

El silencio reinante empezaba a ser insostenible. Las preposiciones pensaban que María estaría dormida y aguardaban temblando su final en el Líquido de la Insensibilidad. No se atrevían a hablar entre ellas por temor a quebrar el equilibrio reinante.

«Una familia de lo más vulgar —seguía razonando María—; a ver, yo no he conocido otra familia en el tren de la oración que la de los nombres comunes. O los adjetivos especificativos... no, formaban una tribu, jamás una familia. ¿Es vulgar la familia común? Claro que no... sólo para Sustancio Pidedieta son vulgares. Él, que se cree tan refinado porque es un nombre propio... creído... pero, sí, claro, es la familia común la vulgar frente al nombre propio. ¡*Común* es lo que busco! A ver... *comunicación*. Si le añado una *i* tendríamos *comunicación*. ¡Sí! ¿Qué otra cosa puede ser el blanco de Sinsentido que la comunicación humana?

De un salto abandonó su sillón y se puso de pie. Desafiante, habló a las tinieblas:

—¡Sinsentido, conozco el acertijo!

Esta vez la voz no reía. Con aspereza inquirió:

—Tu deberías estar dormida. ¿Qué has hecho para evitarlo?

—Eso no importa ahora —contestó María, radiante—. Conozco el acertijo.

—¿Y cuál es, si puede saberse?

—¿Cuando te lo diga quedarán libres las preposiciones? —Desde su jaula dirigían sus rostros esperanzados hacia la voz de María.

—Totalmente. —La voz no parecía mentir esta vez.

—El blanco de vuestra confabulación es... ¡la COMUNICACIÓN!

Nada más pronunciar sus palabras, María pudo comprobar cómo la celda de las preposiciones se vaciaba de un solo trazo. Acto seguido, ella misma perdió el conocimiento y se sintió flotar como una nube solitaria en medio de un cielo radiante.

# EPÍLOGO

Irene dejó de atender a las explicaciones del señor Candel. Luchaba desesperada con la punta de su pluma nueva. La había conseguido de oferta; «nada menos que una Montblanc, la mejor, te lo aseguro», le había dicho la vendedora. «Tiene una tinta excelente, no mancha nada, pero que nada, el papel.» ¿Cómo resistirse a semejante ganga? En clase, casi todos escribían con bolígrafo, pero ella prefería la pluma, mucho más elegante. Ahora, sin embargo, le estaba causando grandes problemas. La libreta en la que tomaba apuntes mostraba unas pecas negras y diminutas.

Sacudió la pluma con fuerza, presa de la impaciencia. Ojalá no lo hubiera hecho. La mano se le cubrió de una tinta espesa. Pero mayor que la mancha fue el escozor que la siguió, tan intenso que los dedos se le quedaron inmóviles.

—Hemos estudiado durante todo el curso las clases de palabras que nos podemos encontrar en una oración...

La voz del profesor le parecía a Irene postiza, como si se hubiese tapado la boca con un pañuelo. A pesar de todo, conservaba un tinte aterciopelado que no la hacía del todo desagradable.

Para hacer frente al dolor que tanto le escocía, Irene sacó como pudo del estuche su lápiz de tinta correctora. «Tal vez aplicándola sobre la mancha logre contrarrestar sus efectos.»

—Unos más que otros conocéis las palabras léxicas y las gramaticales...

¿Se daría cuenta el profesor de que no estaba atendiendo? Si le preguntara en ese momento, no sabría qué contestar. ¡Qué vergüenza! Menos mal que el dolor empezaba a remitir. Había que eliminar las manchitas de la libreta, pero ese era otro cantar. «A ver, probemos...»

—Habéis incluso estudiado de qué modo se relacionan dos proposiciones que forman una oración compuesta...

«¿Cómo voy a escribir ahora, si esta pluma no para de arrojar tinta? Me voy a pasar todo el tiempo usando el líquido corrector.»

—Pero me gustaría lanzar una reflexión al aire. ¿Alguien me podría decir quién o qué se beneficia de que las palabras tengan un orden, una estructura determinada?

La voz del señor Candel se había vuelto más grave de lo habitual y daba casi miedo. Irene no la escuchaba, prefería dejarse mecer por el letargo vespertino que cubría a la clase.

—¿Nadie se atreve a contestarme? Por ejemplo, Irene, te paso el testigo. ¿Sabrías resolver el problema que te he planteado? ¡Irene, despierta mujer! ¿Dónde estabas?

Irene se quedó muda de repente. No sabía qué contestar, por eso soltó lo primero que se le pasó por la cabeza:

—Me he dormido.

—¿Que te has dormido en mi clase? ¿Tú? —El profesor se ajustó unas gafas que resbalaban rebeldes por toda la nariz. Iba a replicar, enfadado, cuando se dio cuenta de que una alumna del fondo de la clase alzaba la mano.— A ver, María, ¿tú que quieres ahora?

—Conozco el acertijo.

El señor Candel la escrutó receloso:

—Bueno, esto no es un acertijo, en verdad. Pero, ¿desde cuándo te da a ti por participar en clase? Si no tienes la menor idea de Lengua, infeliz...

—Eso no importa ahora —contestó María radiante—. Conozco el acertijo.

Irene aguardaba impaciente. Estaba completamente volteada y atendía la escena expectante: «Ha intervenido para que el Candel no me eche la bronca. No sé cómo agradecérselo», pensó.

—¿Y cuál es, si puede saberse?

—La comunicación humana. Los hombres se relacionan gracias a las palabras, a sus distintas clases, a su organización y... a un interventor que las controla y dirige.

Nada más pronunciar sus palabras, María lanzó una mirada amistosa hacia Irene. A pesar de la distancia que las separaba, ésta logró percibir unas láminas de piedra que María sostenía como cartas de la baraja en sus manos. Una de esas láminas brillaba con una intensidad dorada que incluso llegó a cegar a la joven.

*Valencia, 16 de julio de 1998*

## ÍNDICE DE LAS REGLAS DE PIEDRA